JAZZ

DU MÊME AUTEUR

dans la même collection

LA GLOIRE DE MON PÈRE (*Souvenirs d'enfance*, tome I).
LE CHATEAU DE MA MÈRE (*Souvenirs d'enfance*, tome II).
LE TEMPS DES SECRETS (*Souvenirs d'enfance*, tome III).
TOPAZE.
MARIUS.
FANNY.
CÉSAR.
LA FILLE DU PUISATIER.
ANGÈLE.
REGAIN.
LE SCHPOUNTZ.
LA FEMME DU BOULANGER.
JEAN DE FLORETTE (*L'Eau des collines*, tome I).
MANON DES SOURCES (*L'Eau des collines*, tome II).

MARCEL PAGNOL
de l'Académie française

JAZZ

PRESSES POCKET
8, RUE GARANCIÈRE, PARIS

ISBN 2-266-00172-8

Au poète Rodolphe Darzens
en témoignage d'affection

Son ami,
Marcel Pagnol

PERSONNAGES

MONTE-CARLO
(Théâtre du Casino)

Blaise	MM.	HARRY-BAUR.
Le Jeune Homme		PIERRE BLANCHAR.
Stépanovitch		MARC VALBEL.
Le Doyen		ALBERT COMBES.
Barricant		JEAN D'YD.
Bazin		PAUL CASTAN.
Bardonnèche		DITULLIO.
Brancard		AMLER.
Pernette		MAX DUREY.
Cécile Boissier	Mmes	ORANE DEMAZIS.
Mélanie		PAULE MARSA.
Mademoiselle Poche ...		ROSE HARRY-BAUR.

« Jazz » a été représenté pour la première fois au Théâtre du Casino de Monte-Carlo le 6 décembre 1926.

PARIS
(Théâtre des Arts)

Blaise	MM.	HARRY-BAUR.
Le Jeune Homme		PIERRE BLANCHAR.
Stépanovitch		MARC VALBEL.
Le Doyen		ALBERT COMBES.
Barricant		JEAN D'YD.
Bazin		PAUL CASTAN.
Bardonnèche		RENÉ KOK.
Brancard		FAURON.
Pernette		ROUSSOT.
Cécile Boissier	Mmes	ORANE DEMAZIS.
Mélanie		PAULE MARSA.
Mademoiselle Poche ...		EVELYNE MARLY.

« Jazz » a été représenté pour la première fois à Paris le 22 décembre 1926.

ACTE PREMIER

Le cabinet de travail de M. Blaise, professeur de grec à la Faculté des lettres d'Aix-en-Provence.

Des rayons chargés de livres couvrent les murs. Il y a des livres sur le bureau et jusque sur les chaises. Au fond, à gauche, une grande porte à caisson. A droite, en pan coupé, une porte-fenêtre donne sur un jardin provençal. Au premier plan, à gauche, porte de la cuisine. A droite, porte de la chambre d'amis.

SCÈNE PREMIÈRE

MÉLANIE, BARRICANT, LE DOYEN

Quand le rideau se lève, Mélanie, la vieille servante, le Doyen, petit vieux sec à barbiche, et Barricant sont en scène. Le Doyen paraît très satisfait. Barricant, une valise à la main, très ennuyé. Mélanie regarde le Doyen d'un air hostile.

BARRICANT

Pas de veine. Je ne l'avais pas vu depuis trois ans.

MÉLANIE

Oui, il y aura trois ans à Pâques.

BARRICANT

Et j'arrive juste pour voir tomber une tuile.

LE DOYEN

La tuile est encore en l'air, et elle va tomber sous vos yeux.

BARRICANT

Eh bien, monsieur le Doyen, c'est ça qui n'est pas drôle.

LE DOYEN

Non, ce n'est pas drôle; et je comprends votre embarras. Vous espériez sans doute célébrer joyeusement cette réunion de vieux amis... Et vous arrivez au moment d'une catastrophe.

MÉLANIE, *elle hausse les épaules.*

Oh! une catastrophe!

LE DOYEN

Mais oui, ma bonne dame... Disons une petite catastrophe, mais c'en est une. En grec, *katastrophé,* qui signifie « un retour », « un brusque renversement ». Vous, monsieur, qui êtes son ami, vous pouvez le préparer à la fatale nouvelle.

BARRICANT

Le préparer? Mais c'est une histoire à laquelle je ne comprends absolument rien!

LE DOYEN, *stupéfait.*

Vous ne comprenez absolument rien?

BARRICANT

Dame! Je ne suis pas un érudit, moi. Je suis quincaillier en gros. Je sais vaguement qu'il a beaucoup travaillé sur un texte grec qui s'appelle *Phaéton...*

MÉLANIE, *elle montre fièrement un rayon de la bibliothèque.*

Tout ça, ce sont tous les livres qu'il a faits sur *Phaéton...*

LE DOYEN, *sourire ambigu.*

Oui, les livres qu'il a faits. Oui, monsieur, toute sa gloire, toute son autorité en matière d'érudition reposent sur ce *Phaéton.* C'est grâce à *Phaéton* que M. Blaise, professeur à la Faculté des lettres d'Aix, a posé sa candidature à une chaire en Sorbonne...

MÉLANIE

Et qu'il sera reçu du premier coup.

LE DOYEN

Non, bonne dame, non. On pouvait le croire jusqu'à aujourd'hui. Mais maintenant...

BARRICANT

Pourquoi?

LE DOYEN

Mon cher monsieur, vous êtes quincaillier, vous venez de me l'avouer, et il serait bien long de vous expliquer ce malheur. D'autant plus que M. Blaise sort de la Faculté à cinq heures et qu'il arrivera dans quelques minutes. Votre rôle est simple. Préparez-le à cette cruelle désillusion. Dites-lui, comme je le lui ai dit parfois moi-même, que ce *Phaéton* n'est pas toute sa vie. Que pour sa chaire en Sorbonne, il n'a jamais eu de grandes chances et que, somme toute, à cinquante-sept ans, il est encore assez jeune... Je vous quitte. Je vais chercher les épreuves de la *Revue internationale des études grecques* et je reviendrai dans une demi-heure pour exécuter la pénible mission que m'imposent les circonstances et mon titre de doyen de la Faculté des lettres. Je vous salue, monsieur.

Il sort. Mélanie l'accompagne. Barricant reste rêveur un instant. Mélanie revient.

SCÈNE II

MÉLANIE, BARRICANT

MÉLANIE

Ne craignez rien, monsieur Barricant. Ce n'est pas vrai.

BARRICANT

Qu'est-ce qui n'est pas vrai?

MÉLANIE

Tout ce qu'il dit. C'est M. le Doyen tant que vous voudrez, mais c'est un vieux polichinelle. Et jaloux!

BARRICANT

De quoi?

MÉLANIE

De *Phaéton,* parbleu! Quand M. Blaise est revenu avec le papier de *Phaéton* en 1902, il était professeur de lycée, il s'est mis à travailler, comme de juste, et le matin, et puis le soir, et puis la nuit. Pensez-vous! Il a travaillé vingt ans à cette chose! Un beau jour, le ministre l'a nommé professeur de Faculté et nous sommes venus ici. Je ne sais pas comment, M. le Doyen s'est douté de *Phaéton.* Alors il est venu à la maison, pendant trois mois, presque tous les jours... Il voulait voir *Phaéton* et il voulait travailler avec monsieur...

BARRICANT

Parbleu! Il voulait lui faire sauter l'affaire.

MÉLANIE

Oh! ça se voyait! (*Elle court à la porte de sa cuisine, renifle, murmure : « Non, ça ne brûle pas » et revient.*) Mais on ne lui a même pas montré les papiers. Ce n'est pas qu'il soit méfiant, oh! non! Mais *Phaéton* lui plaisait tellement! Il en était jaloux comme pour une femme. Et alors, il a continué tout seul, et il a bien fait.

BARRICANT

Est-ce que ça lui a rapporté quelque chose?

MÉLANIE

Pour le premier, ils l'ont mis de la Légion d'honneur; pour le troisième, ils l'ont *remis* de la

Légion d'honneur et, pour le cinquième, ils l'ont mis *commandant* de la Légion d'honneur. Il se le pend au cou, comme un scapulaire... Et ce doyen, qui était déjà bien tracassé de n'avoir point de part à la chose, vous pensez si ça l'a fâché de voir toute cette gloire!

BARRICANT

Il a l'air vexé parce que Blaise va entrer à l'Institut.

MÉLANIE

Ah! pour sûr! Ce n'est pas que j'écoute aux portes. (J'ai été servante pendant treize ans chez M. l'abbé Rossignolet.) Un soir, je l'ai entendu qui lui disait : « Mon cher collègue, ne craignez-vous pas de paraître un peu jeune aux yeux de ces messieurs de la Sorbonne? » Ha, ha! La jalousie lui sort des yeux. C'est pour ça qu'il vient nous dire que *Phaéton,* ce n'est rien du tout. Si ça n'était rien du tout, on n'en aurait pas fait des livres!

BARRICANT

Évidemment.

MÉLANIE

Et puis je l'ai vu là-dessus (*Elle montre le bureau.*) mon *Phaéton.* C'est un long rouleau de cuir, tout déchiré, et puis à moitié effacé, et qu'il a fallu effacer le reste, qui était un livre de messe. C'est du grec, voilà ce que c'est. Il peut bien dire tout ce qu'il voudra. Il ne réussira pas. Et quand il viendra tout à l'heure porter ces papiers à Monsieur, il se fera clouer le bec. Vous allez voir ça!

BARRICANT

Je l'espère, mais je n'en suis pas sûr. Ce vieux-là paraît bien certain de ce qu'il dit. A part ça, comment va-t-il?

MÉLANIE

Pas bien.

BARRICANT

Malade?

MÉLANIE

Non. Mais c'est le moral qui lui travaille. La nuit, je l'entends qui se promène dans sa chambre. Il parle tout seul.

BARRICANT

Lui?

MÉLANIE

Il y a des jours qu'il ne mange presque rien. Et puis, des fois, il reste dans son bureau, et il allume toutes les lampes, jusqu'à minuit, tout seul. Et il s'enferme à clef tout seul, et des fois, si j'entre sans faire de bruit, pendant qu'il réfléchit et qu'il me voit tout d'un coup, il saute comme un piège à rats.

BARRICANT

Tiens... Tiens... Dites donc, Mélanie, est-ce qu'il n'y aurait pas une femme là-dessous?

MÉLANIE

Une femme? (*Elle rit.*) Ah! pour sûr que non! Lui,

une femme? Oh! non. Ce n'est pas ça qui le tracasse. Lui, une femme? Oh! non.

BARRICANT

Est-ce qu'il n'y a pas des jeunes filles parmi ses élèves?

MÉLANIE

Oui, mais c'est tout des femmes professeurs, ça ne sait seulement pas tordre un chignon... Pas de danger qu'elles lui tournent la tête! Non, pour moi, c'est l'estomac.

BARRICANT

L'estomac?

MÉLANIE

Oui, cette mauvaise humeur, cet énervement, ça vient de l'estomac. Il veut toujours de la cuisine bien épicée. Moi, je fais ce qu'il me demande, naturellement. Mais ça n'est pas bon pour l'estomac. Et puis, il y a ce phonographe qui l'énerve.

BARRICANT

Quel phonographe? Il a acheté un phonographe?

MÉLANIE

Non. Cest le locataire du premier, qui fait marcher un phonographe toute la journée... Mais je bavarde, et je vous laisse là avec votre valise à la main... Donnez, monsieur Barricant, je vais la porter dans votre chambre. (*On entend tinter une clochette.*) C'est la clochette du jardin. Le voilà...

Elle sort avec la petite valise. Barricant attend. Blaise paraît sur la porte, cinquante-sept ans, grisonnant, le visage marqué par l'âge, l'œil brillant. Redingote, rosette de la Légion d'honneur.

SCÈNE III

BARRICANT, BLAISE, MÉLANIE par instants.

BLAISE

Enfin, je te revois!

BARRICANT

Bonjour, mon vieux Blaise...

BLAISE

Je suis content. (*Il serre Barricant dans ses bras, il répète plusieurs fois.*) Je suis bien content, oui, bien content!

BARRICANT

Tu n'as pas changé!...

BLAISE

Moi? Et comment pourrais-je changer? J'avais des cheveux blancs à quarante ans... Mais toi, tu grisonnes... Et puis, tu t'arrondis bigrement!

BARRICANT

Dame... Cinquante-six bien sonnés...

BLAISE

Bah! l'âge, ça ne compte pas!... J'ai reçu ta carte ce matin, et j'ai fait préparer ta chambre.

BARRICANT

Je vais du côté de Nyons, pour une grosse affaire de faucheuses mécaniques... Je ne pourrai pas rester ici plus de vingt-quatre heures...

BLAISE

J'aurais bien voulu te garder deux ou trois jours... oui, ça me ferait plaisir de bavarder avec toi un peu longuement... Je ne sais pas pourquoi, je me sens un peu seul, depuis quelque temps.

BARRICANT

C'est une très grosse affaire, et il faut absolument que je parte demain... Mais, au retour, dans une semaine, je crois que je pourrai m'arrêter vingt-quatre heures...

BLAISE

Bon. Tu es gentil... Je suis vraiment content de te voir... Je suis très content... Assieds-toi. (*Ils s'assoient. Soudain, on entend à travers le plafond un phonographe qui joue* Chili-Bom-Bom *au premier étage.*) Bon. Voilà encore l'autre idiot. Toute la journée, toute la journée, tu entends, il fait jouer des airs dans le genre de celui-là! Je me suis plaint au commissaire de police, rien à faire. Il paraît que ce frénétique a le droit de m'énerver douze heures par jour!

BARRICANT, *il écoute un moment.*

C'est une danse américaine.

BLAISE

Oh! c'est indiscutablement américain.

BARRICANT

Ca n'est pas désagréable pendant les cinq premières minutes. C'est une drôle de musique.

BLAISE, *il est soudain surexcité, mais il fait des efforts pour se contenir.*

Tu entends ce petit bout de phrase, avec ce rythme obsédant, pénétrant? Eh bien, cette phrase, elle m'est entrée dans le crâne, elle me suit partout, dans la rue, à la Faculté, ici et jusque dans mon lit. Elle se glisse entre les vers d'Euripide, elle se mêle aux périodes de Démosthène... Mais non, je ne te dis plus rien, tu vas croire que je deviens fou.

BARRICANT

Non, non, mon vieux, pas du tout. Mais je te trouve un peu énervé. Est-ce que tu ne peux pas, au moins pour quelques semaines, prendre un petit congé pour te reposer?

BLAISE

Oh! me reposer! (*Il hausse les épaules.*) Mélanie, apportez-nous cette bouteille d'apéritif.

BARRICANT

Tu bois l'apéritif, maintenant?

BLAISE

Quand tu viens me voir, c'est-à-dire une fois tous les trois ans. (*Mélanie entre, dispose les verres et la bouteille sur un guéridon.*) Qu'as-tu fait, pendant ces trois ans?

BARRICANT

Toujours la même chose. J'ai vendu des pioches, des grillages, des clous.

BLAISE

Et en échange de cette ferraille tu as gagné beaucoup d'argent?

BARRICANT

La maison Barricant et fils est prospère. Mes enfants ont de quoi s'occuper.

BLAISE

Et ta petite Lucie?

BARRICANT

Ma petite Lucie va se marier.

BLAISE

Déjà!

BARRICANT

Mais oui!

BLAISE

Elle portait encore des chaussettes, la dernière fois que je l'ai vue!

BARRICANT

Sans doute, mais il y a neuf ans.

BLAISE

Neuf ans!... C'est effrayant... (*Il songe, secoue la tête et dit d'une voix changée :*) La vie passe comme un rêve. Qui épouse-t-elle?

BARRICANT

Un ami de mes fils, naturellement.

BLAISE, *nuance d'ironie amicale.*

Il est aussi dans la quincaillerie?

BARRICANT

Non, dans les vieux métaux. Maison solide, santé robuste... Il faudra que tu assistes au mariage, pendant les vacances...

BLAISE

Bien volontiers.

BARRICANT

Et puis, tu verras mes fils. Ils sont superbes. Édouard est plus grand que moi. Il a des épaules larges comme ça... Et toi, que deviens-tu?

BLAISE

Je travaille. Je réussis. (*Il montre la rosette à sa boutonnière.*) Tu as vu?

BARRICANT

Oui. J'avais vu dans les journaux... Je t'ai écrit, d'ailleurs, pour te féliciter.

BLAISE

Et je vais être professeur en Sorbonne... Ils m'ont offert une chaire à cause de mon dernier ouvrage sur *Phaéton,* — que je t'ai envoyé.

BARRICANT

Oui, ça m'a fait plaisir.

BLAISE

Ça t'a fait plaisir, mais je vois très bien que tu n'en saisis pas l'importance.

BARRICANT

Eh bien, je t'avoue que toute cette histoire *Phaéton,* je n'y ai jamais compris grand-chose. Au fond, qu'est-ce que tu as fait dans toute l'affaire?

BLAISE

Ça, c'est magnifique! Ton vieil ami travaille vingt ans, fait une découverte qui a un retentissement énorme, t'envoie ses livres et, au bout de vingt ans, tu me demandes ce que j'ai fait!

BARRICANT

Non, ne te fâche pas. Je veux dire : quelle est la part de ton travail personnel? Ce qui fait ton mérite? Tu me dis toujours que tu as travaillé vingt ans. Au fond, tu n'as pas dû mettre vingt ans pour recopier cinquante pages! Si tu as gardé l'affaire secrète pendant vingt ans, c'est parce que tu attendais le moment favorable pour la lancer sur le marché.

BLAISE

Malheureux! Tu crois que mon travail s'est borné à recopier un texte? Évidemment tu ne dois pas m'estimer beaucoup! Écoute! J'ai trouvé en 1901, dans un couvent d'Égypte, un manuscrit du premier siècle contenant l'Évangile selon saint Marc. Je vois, par hasard, que cet Évangile avait été copié par-dessus un texte grec plus ancien que l'on avait effacé à la pierre ponce, — c'est un cas très fréquent.

BARRICANT

Pourquoi l'avait-on effacé?

BLAISE

Parce que le copiste — qui était un moine — devait manquer de parchemin. J'achète le manuscrit. J'applique des procédés chimiques qui sont connus. J'efface le texte latin et je fais reparaître le texte grec comme on développe une photographie.

BARRICANT

C'est... extrêmement curieux... C'est très curieux. Et c'était lisible?

BLAISE

Un spécialiste comme moi, du premier coup d'œil, ne pouvait pas lire plus de cent mots sur onze cents lignes de texte... Le reste était absolument incompréhensible. Des bribes de phrases, des moitiés de mots, des vestiges de lettres...

BARRICANT

Mais alors, comment as-tu fait pour le recopier?

BLAISE

Eh bien, pour le recopier, comme tu dis, il a fallu compléter les mots mutilés, deviner les lettres détruites, reconstituer les phrases effacées.

BARRICANT

C'était donc, pour ainsi dire, un grand rébus.

BLAISE

Oui, si tu veux. Un rébus dont la solution a rendu à l'humanité la plus belle œuvre de Platon... Un fameux rébus, comme tu vois!

BARRICANT

Je comprends... Et naturellement tu es sûr de ne pas t'être trompé?

BLAISE

Si je m'étais trompé une seule fois, l'ensemble ne tiendrait pas debout! Or, ces quarante pages sont universellement considérées comme les plus belles que la Grèce nous ait laissées. Tous les hellénistes du monde sont d'accord sur ce point.

BARRICANT

Tous?

BLAISE

Presque tous.

BARRICANT

Et, bien entendu, l'opinion de ces gens-là a une grande valeur.

BLAISE

Elle est positivement indiscutable.

BARRICANT

Oui. Et ce parchemin, tu l'as gardé?

BLAISE

Je l'ai offert à la Bibliothèque nationale.

BARRICANT

Tu n'as donc pas pu le vendre?

BLAISE

Si j'avais voulu, l'Université de Yale m'en offrait trente mille dollars.

BARRICANT

Et tu l'as vendu plus cher?

BLAISE

Je l'ai donné.

BARRICANT

Tu l'as donné! Donné! Tu seras donc toujours le même? Ah! c'est pour ta candidature à la Sorbonne?

BLAISE

Non. Il est certain que ce don me rend sympathique... Mais je n'y songeais pas quand je l'ai fait.

BARRICANT

Tu n'es pas malin! Ah! non! Tu aurais dû vendre ça aux Américains. Tu aurais toujours eu trente mille dollars en banque. A l'abri d'une catastrophe toujours possible... D'une faillite.

BLAISE

Quelle faillite? (*Légèrement méprisant.*) Est-ce que tu me prends pour un commerçant?

BARRICANT

Non... Mais on ne sait jamais.

BLAISE

Qu'est-ce qu'on ne sait jamais? D'ailleurs, pour l'argent, je suis bien tranquille.

BARRICANT

Un héritage sérieux?

BLAISE

Oui, assez. Plusieurs maisons dans le Midi et de gros paquets d'obligations.

Barricant siffle d'admiration. On sonne. Entre Mélanie.

MÉLANIE

Monsieur, c'est Mlle Boissier.

BLAISE

Bien. (*A Barricant.*) C'est une de mes élèves... (*A Mélanie.*) Faites entrer.

BARRICANT, *il se lève.*

Je vais faire un brin de toilette... Après dix heures de chemin de fer...

BLAISE

Bien.

Mélanie sort. Blaise se lève et se redresse. Barricant sort. Au premier étage, le phono joue Wait till you see my gal.

SCÈNE IV

BLAISE, CÉCILE BOISSIER

Entre Cécile Boissier. Vingt ans. Blonde.

BLAISE

Bonjour, Boissier.

CÉCILE

Bonjour, maître... Je ne suis pas importune?

BLAISE

Jamais, Boissier. Vous savez que j'ai toujours grand plaisir à vous voir.

CÉCILE

Je viens vous demander de me prêter encore une fois votre manuel de phonétique.

BLAISE

Il est à votre disposition, comme tous les livres que contient ma bibliothèque. (*Il cherche le volume sur les rayons, en murmurant : « Phonétique... Pho-né-tique... » Il prend un volume, le tend à Cécile.*) Le voici. (*Elle tend la main, mais il ne lâche pas le volume.*) Cet après-midi, devant tous vos camarades, je n'ai pas voulu insister sur votre thème grec.

CÉCILE

Il n'était pas bon, maître, je le sais.

BLAISE, *il cherche le devoir dans sa serviette.*

Il commençait bien. Je vous dirai même que vos premières phrases ne manquaient pas d'élégance... (*Il s'assoit à côté d'elle.*) Mais au beau milieu d'une phrase, je trouve *Bardistos* comme superlatif de *Bradus.*

Il la regarde d'un air navré.

CÉCILE

Mais, dans Homère...

BLAISE

Oui, dans Homère. Mais vous n'êtes pas Homère. Et pour vous comme pour moi, le superlatif de *Bradus,* c'est *Bradutatos.* Et encore, ceci ne serait rien. Dans la dernière ligne, je trouve un optatif futur qui me paraît surprenant.

CÉCILE

C'était une interrogation indirecte!

BLAISE

Dans l'interrogation indirecte, le futur de l'indicatif peut être remplacé par l'optatif futur, mais quand le verbe de la principale est au passé! Exemple : « Elle ne se doutait pas que son maître serait navré : *Ouk énénoéi oti didascalos polla peisoito.* » Votre optatif futur est ici un solécisme.

CÉCILE

C'est effrayant.

BLAISE

Oui, c'est effrayant!

CÉCILE

Je vous demande pardon, maître, j'étais pressée...

BLAISE

Pressée? Quand vous faites un thème grec? Ah! non, Boissier! Un thème grec, on le fait continuellement, depuis la minute où l'on a le texte.

CÉCILE

J'espère que le prochain sera meilleur.

BLAISE

Je l'espère aussi, mais j'en doute. Il me semble que vous glissez sur une bien mauvaise pente. Auriez-vous des ennuis chez vous?

CÉCILE

Oh! non, monsieur... Je n'ai pas de chez moi.

BLAISE

Vous n'avez pas de parents?

CÉCILE

J'ai un tuteur chez qui je passe les vacances. Mais ici, je vis dans une pension de famille.

BLAISE

Vous?

CÉCILE

Oui. J'ai assez d'argent pour finir mes études.

BLAISE

Que ferez-vous après votre licence?

CÉCILE

Je demanderai un poste de professeur dans un collège de jeunes filles.

BLAISE

Bien. Très bien. (*Il lui donne le livre.*) Voilà votre livre.

CÉCILE

Merci, monsieur.

BLAISE

Au revoir, Boissier. A demain.

Il lui serre les deux mains. Cécile hésite un peu, puis se décide soudain.

CÉCILE

Monsieur, je voudrais vous dire un mot à propos de Stépanovitch.

BLAISE

Ah! vous vous intéressez à Stépanovitch?

CÉCILE

C'est un très bon camarade, monsieur... Un garçon courageux, qui a beaucoup de mérite...

BLAISE

Je n'en doute pas. Il me semble que je vous ai vue plusieurs fois avec lui au jardin public.

CÉCILE

Oui, peut-être. J'ai appris qu'il allait nous quitter.

BLAISE

Il nous quittera à la fin de l'année, après les examens.

CÉCILE

Non, monsieur. Il doit venir vous faire ses adieux ce soir. Il retourne en Serbie.

BLAISE

Lui? Pourquoi?

CÉCILE

Il nous a dit que sa mère avait besoin de lui pour des affaires de famille... Mais, en réalité, il s'en va parce qu'il n'a plus d'argent.

BLAISE

Il a une bourse du gouvernement serbe!

CÉCILE

Oui, mais il envoie de l'argent à sa mère.

BLAISE

Comme dans les romans feuilletons! Qui vous l'a dit?

CÉCILE

C'est son ami Bogdanovitch. Jusqu'ici, il avait pu trouver du travail... Il donnait des leçons et, quand il n'en avait pas, il allait décharger des wagons à la gare.

BLAISE

Lui? Quelle drôle d'idée!

CÉCILE

Ce n'est pas si drôle.

BLAISE

Je veux dire que je ne m'en doutais pas.

CÉCILE

Depuis deux mois, il n'a plus de leçons et, à la gare, on refuse les étrangers, à cause du syndicat. Alors, il n'a plus de quoi payer sa chambre, ni son restaurant. Il est allé voir le consul de Serbie qui va le faire rapatrier. Quand nous avons appris cela...

BLAISE

Qui nous?

CÉCILE

Vos élèves, M. Bardonnèche, M. Fessolles, Mlle Poche... Quand nous avons appris cela, nous avons mis chacun quelque chose... enfin, nous avons réuni mille francs.

BLAISE

Tiens, tiens... et Stépanovitch a accepté cet argent?

CÉCILE

Nous n'avons pas osé lui offrir... Nous en avions chargé M. Bogdanovitch... Mais il nous a dit que Stépa est très fier et qu'il lui donnerait des coups de poing.

BLAISE

Et alors? Ces mille francs?

CÉCILE

Je les ai... (*Elle dépose le livre sur le bureau pour fouiller dans son sac.*) Nous avons pensé que sans doute... Il vaudrait certainement mieux... Si notre maître voulait s'en charger.

BLAISE

Bref, vous voulez que ce soit moi qui reçoive les coups de poing.

CÉCILE

Oh! non, monsieur... Avec vous il n'osera pas.

Entre Mélanie.

MÉLANIE

C'est M. le Serbe.

BLAISE

Faites attendre. (*Cécile dépose le billet de mille francs sur le bord du bureau. Blaise le prend et le lui rend.*) Boissier, gardez vos mille francs. Je vais arranger cette affaire.

CÉCILE

Je vous en remercie. Au nom de tous mes camarades... Il nous était pénible de voir l'un d'entre nous, qui est un blessé de guerre, renoncer à ses études faute d'argent.

BLAISE

Oui, oui... Eh bien, je tâcherai de trouver une solution qui mettra fin à ses ennuis — et aux vôtres, puisque vous y prenez une si grande part. C'est entendu.

CÉCILE

J'aimerais mieux ne pas le rencontrer. Il comprendrait peut-être.

BLAISE

Passez donc par le jardin... (*Il la raccompagne jusqu'à la porte.*) Au revoir, Boissier... Méfiez-vous des barbarismes et ne perdez plus votre temps à bavarder sous les platanes. Et n'oubliez pas : Quand le verbe de la principale est au *passé!* Exemple : *Ouk énénoei oti pesoito,* au lieu de *oti peisetai.* (*Elle sort.*

Blaise rentre, songeur. Sur le bureau, il voit le livre qu'elle a oublié. Il la rappelle.) Boissier! C'est bien pour le manuel de phonétique que vous étiez venue? (*Elle baisse les yeux. Elle rougit.*) Si vous en avez besoin, il vaut mieux le prendre... (*Il lui tend le livre, elle le prend. Elle sort.*) Au revoir, Boissier, à demain! (*Il attend quelques secondes, puis il va ouvrir une porte et fait entrer Stépanovitch. C'est un grand garçon osseux, aux gestes gauches, aux souliers pesants. Il a un fort accent étranger. Il salue en se pliant en deux d'un seul coup.*) Bonjour, Stépanovitch. Entrez donc.

SCÈNE V

BLAISE, STÉPANOVITCH, puis BARRICANT

STÉPANOVITCH

Maître, je suis si honoré chaque fois que je pénètre dans ce bureau...

BLAISE

Asseyez-vous dans ce fauteuil. Là. Asseyez-vous.

STÉPANOVITCH, *au bord du fauteuil.*

Merci bien, monsieur le professeur.

BLAISE

Vous venez pour l'affaire dont je vous ai parlé?

STÉPANOVITCH

L'affaire? Je vous demande pardon, monsieur le professeur, je ne sais ce que c'est.

BLAISE

Mon édition de l'Anabase? Je ne vous en ai rien dit?

STÉPANOVITCH

Je vous demande mille pardons, monsieur le professeur... Je ne me souviens pas...

BLAISE

Je vieillis, mon cher Stépanovitch... Je croyais vraiment vous en avoir touché un mot... Car j'ai besoin de votre aide.

STÉPANOVITCH

Mon aide? A moi?

BLAISE

Mais oui... Il s'agit de recopier un texte et de classer mes notes. Vous avez une écriture remarquable, et c'est ainsi que j'ai pensé à vous.

STÉPANOVITCH

Je vous remercie, monsieur le professeur.

BLAISE

C'est un travail assez long et très délicat... Mais je sais que vous avez de la patience... (*Il prend une chemise bourrée de feuilles.*) Il faudrait avoir fini avant un mois... Naturellement, je vous paierai en conséquence... Il y a près de deux cents pages à débrouiller... Voudriez-vous vous en charger moyennant un millier de francs?

STÉPANOVITCH

C'est beaucoup trop, monsieur le professeur...

BLAISE

Non, ce n'est pas trop... Tenez. (*Il lui tend le dossier.*) Voici le texte et les notes. Tous les feuillets sont numérotés. Vous allez commencer tout de suite, car le temps presse. J'aurais dû vous en parler plus tôt... Enfin... (*Il lui remet une enveloppe.*) Voici un acompte.

STÉPANOVITCH

Oh! non, monsieur le professeur... Je veux d'abord essayer.

BLAISE

Allons, prenez donc... Je sais bien que vous n'en avez pas besoin, mais, en affaires, il ne faut pas craindre de parler d'argent... Gardez ça... (*Il lui fourre l'enveloppe dans sa poche.*)

STÉPANOVITCH

Je vous remercie, monsieur le professeur... Je ne saurais comment exprimer...

Entre Barricant.

BLAISE

Je te présente l'un de mes meilleurs élèves! Bogomir Stépanovitch, professeur au collège de Valiévo, en Serbie. Il a pris un congé de deux ans pour venir suivre des cours en France... Mon ami Édouard Barricant.

STÉPANOVITCH, *il se casse en deux.*

Je suis extrêmement honoré, monsieur...

BLAISE

Et maintenant, allez travailler, mon cher Stépanovitch... Et faites diligence...

STÉPANOVITCH

J'ai moi-même grande hâte de me mettre à ce travail béni, et si honorable pour moi, monsieur le professeur. (*Il s'incline devant Barricant.*) Monsieur...

BARRICANT

Au revoir, monsieur...

BLAISE

Au revoir, mon cher ami...

Il le raccompagne vers la porte.

STÉPANOVITCH

Monsieur le professeur, vous ne pouvez croire combien... avec quelle grande joie... Une émotion...

BLAISE

Oui, très bien, très bien...

STÉPANOVITCH, *en sortant.*

Que la destinée de monsieur le professeur soit bénie!

BLAISE

Si vous voulez!

SCÈNE VI

BLAISE, BARRICANT

BARRICANT

Ça sent bigrement bon du côté de la cuisine.

BLAISE

Ce sont des perdrix aux choux. Tu vas goûter ça, c'est le chef-d'œuvre de Mélanie.

BARRICANT

Toujours gourmand?

BLAISE

Gourmet!

BARRICANT

Il faudrait être bien méchant pour te le reprocher. Tu n'as pas tellement de passions!

BLAISE

Grave erreur, je ne puis rien faire qu'avec passion.

BARRICANT

Sauf l'amour.

BLAISE, *il rougit légèrement.*

L'amour, ce n'est pas une passion, c'est une maladie.

BARRICANT

Tu n'en sais rien. Chaque fois que tu l'as vu s'approcher, tu as pris la fuite.

BLAISE

Il ne s'est pas approché souvent.

BARRICANT

Tu as toujours fait ce qu'il fallait pour l'effrayer.

BLAISE

Moi?

BARRICANT

Toi. Je te vois encore à vingt ans, avec tes cheveux hirsutes, tes joues cotonneuses, tes grosses lunettes, ta serviette et ton parapluie. Et ce pardessus vert... Ah! non! Tu n'as rien fait pour attirer l'amour!

BLAISE, *durement.*

Si je l'avais appelé, il serait peut-être venu... Je n'aurais pas découvert *Phaéton.* Je n'aurais été qu'un demi-savant.

BARRICANT

Eh bien, maintenant, tu es un savant complet. Tu es riche, marie-toi. Tu verras les joies du foyer...

BLAISE

A mon âge!

BARRICANT

Tu n'es pas vieux! Vois-tu, malgré ta gloire, je me

demande si tu es heureux... Au fond, tu n'as pas eu beaucoup de joies.

BLAISE, *brusquement.*

A quoi bon me marier! Toi, qui t'es marié, qu'as-tu fait pour l'humanité?

BARRICANT

L'humanité... Il est bien difficile de faire quelque chose pour l'humanité. J'ai mes enfants.

BLAISE, *les bras au ciel.*

Tes enfants! c'est-à-dire que tu auras légué au monde trois petits Barricant au lieu d'un. Crois-tu que le monde y aura gagné quelque chose? Mais il en pleut des Barricant! Il y en a partout des Barricant! Je me place au point de vue de l'intérêt général, n'est-ce pas. A quoi servent-ils les Barricant? A vendre des clous et des tringles!

BARRICANT, *vexé, mais souriant.*

Mais les clous et les tringles sont nécessaires à beaucoup de gens.

BLAISE

Oui, oui... il en faut pour construire la maison de l'érudit, la voiture du docteur, la tour de l'astronome. Tu collabores ainsi d'une façon lointaine et humble aux travaux supérieurs de l'humanité. De même, le cordonnier qui fabrique les chaussures d'un coureur peut réclamer une petite part de la victoire. Ainsi, ma vieille bonne, en fournissant ma table, travaillait, selon ses moyens, à la découverte de *Phaéton.* Votre petit mérite est un mérite de manœuvres. Je ne le discute pas. Je te dirai même que je le respecte. Mais il ne faut pas que les manœuvres se donnent l'air de plaindre les savants!

BARRICANT

Ne te fâche pas pour une remarque d'un vieil ami. J'ai voulu dire seulement que tu me parais attacher trop d'importance à des choses qui vraiment...

BLAISE

Qui vraiment?

BARRICANT

Qui sont moins importantes que tu ne crois.

BLAISE

Alors, toi, tout blindé de quincaillerie, tu juges que *Phaéton* n'a pas d'importance? Il est vrai que tu te places toujours à un point de vue spécial. Il y a vingt-cinq ans nous sommes allés ensemble au musée. Tu t'es arrêté devant le Christ de Rubens. J'ai cru un moment que tu avais compris quelque chose, parce que tu le regardais avec beaucoup d'intérêt. Sais-tu ce qui t'avait frappé? la forme des clous! Et tu trouvais qu'il n'y en avait pas assez!... Voilà à quoi ils servent, les gens comme toi! Ils fabriquent des petits Barricant, et ils fournissent des clous pour crucifier les prophètes.

BARRICANT, *il se lève.*

Mon vieux Blaise, tu n'es pas généreux, et tu n'as plus guère d'affection pour moi.

BLAISE, *ils se tiennent les mains.*

Je te demande pardon. Mais aussi pourquoi as-tu l'air de me prendre en pitié?

BARRICANT

Il ne s'agit pas de pitié! Je voudrais simplement te montrer que *Phaéton,* qui est une grande œuvre, n'est pas le centre de ta vie.

BLAISE

C'est ma vie même. Je lui ai tout donné. Tout, tout. Parce que j'ai renoncé à l'amour, tu crois que je n'ai pas été heureux! J'ai connu des joies que tu ne peux soupçonner. Ce travail de vingt ans, c'est une passion de vingt ans! oui, une passion, qui dépasse en intensité et en profondeur tout ce que vous avez pu éprouver, toi et tous les quincailliers de l'univers, en serrant une femme sur votre poitrine...

BARRICANT

Mais, mon cher ami, tu sais bien...

BLAISE

Je sais que tu as l'air de me consoler. De quoi? Je ne suis pas un raté, moi. Je n'ai pas raté ma vie! J'ai rendu à l'humanité la plus belle œuvre de Platon. Je vais être professeur en Sorbonne. Je suis commandeur de la Légion d'honneur. Je vais entrer à l'Institut. J'ai réussi ma vie et je l'ai pleinement réussie, et, plus tard, mon nom vivra parce que j'ai fait quelque chose d'éternel!

On sonne. Mélanie entre.

MÉLANIE

C'est monsieur le Doyen.

BLAISE

Le Doyen? Qu'est-ce qu'il veut, celui-là? Faites entrer. Est-ce que les perdrix sont en bonne voie?

MÉLANIE

Tout marche très bien... Vous allez voir ça... Il me faut encore une petite demi-heure...

BLAISE

Bien. Apportez un verre pour le Doyen... Tu vas voir le numéro. Il n'est pas bête, mais il est jaloux et ma candidature à la Sorbonne le tracasse un peu. Ne t'en va pas!

SCÈNE VII

LES MÊMES, LE DOYEN

Entre le Doyen. Il s'efforce de paraître amical, mais une petite flamme de malice brille derrière ses lunettes. De temps à autre, il regarde Blaise à la dérobée. Il feint de ne point connaître Barricant.

LE DOYEN

Bonsoir, mon cher collègue. Je m'excuse de vous importuner à ces heures...

Il salue cérémonieusement Barricant qui lui rend son salut.

BLAISE

Mon ami, Édouard Barricant. M. le Doyen de la Faculté des lettres.

BARRICANT

Je suis très honoré, monsieur le Doyen.

LE DOYEN

Tout l'honneur est pour moi, monsieur... Pardonnez-moi d'interrompre une réunion de vieux amis...

BLAISE

Ce n'est rien, mon cher Doyen... Vous allez boire un doigt de porto avec nous...

LE DOYEN

Je ne refuse point, mon cher collègue.

Il s'assoit. Blaise remplit son verre.

BLAISE

Eh bien, à quoi dois-je le plaisir...

LE DOYEN

Mon cher collègue, je viens ici en ma qualité de Doyen de la Faculté des lettres... d'une part, et, d'autre part, au nom de notre vieille camaraderie. Je vous apporte une nouvelle qui, je le sais, vous sera particulièrement pénible, et je vous demande par avance de ne pas faire retomber sur le messager tout le poids de votre déception.

BLAISE

Oh! oh!... Qu'y a-t-il donc?

LE DOYEN

Je viens vous parler de votre vieil adversaire, Reginald Colson, de l'Université d'Édimbourg.

BLAISE, *à Barricant.*

Encore un que mes découvertes empêchent de dormir.

LE DOYEN

Il a fait, lui aussi, une découverte... Et je doute qu'elle respecte votre sommeil! Il est allé en Égypte l'année dernière avec la mission anglaise.

BLAISE

Je le sais.

LE DOYEN

La mission trouva deux tombes égyptiennes assez récentes, puisqu'elles remontent au premier siècle.

BLAISE

Mais nous le savons depuis six mois! Le *Graphic* a fait un numéro spécial sur ces tombes!

LE DOYEN

Le *Graphic* ne disait pas ce que M. Colson voulut tenir secret.

BLAISE

Quel est ce secret?

LE DOYEN

Dans l'une des tombes, l'éminent érudit britannique a trouvé un manuscrit en parfait état...

BLAISE

Quel est ce manuscrit? Une œuvre nouvelle? Mais parlez, voyons!

LE DOYEN

Ne vous énervez pas, mon cher collègue... Quand je vous vois si agité, je ne sais si je dois vous dire...

BLAISE

Si vous ne voulez rien dire, fichez-nous la paix.

LE DOYEN

Le prochain numéro de la *Revue internationale des études grecques* contient un très long article de Colson. Il a eu la délicatesse de m'en envoyer les épreuves, en me priant de vous les communiquer... Pour vous prévenir... Reconnaissez que c'est un adversaire loyal, qui ne frappe pas à l'improviste!

BLAISE

Quel est ce manuscrit?

LE DOYEN

Phaéton. Un autre texte intact, sans lacunes, et suivi d'un commentaire... Ce texte prouve d'une façon éclatante que toutes vos conjonctures pour combler les lacunes de votre manuscrit sont entièrement fausses.

BLAISE

Ça n'est pas vrai!

LE DOYEN

Hélas!

BLAISE

Ce n'est pas possible, entendez-vous? Où sont les épreuves?

LE DOYEN

Voici ces feuilles, grosses d'une nouvelle terrible... (*Blaise lui arrache les feuilles et se met à les lire ardemment.*) L'éminent érudit explique, longuement, pourquoi votre erreur fut aussi totale... aussi lourde... aussi tragique... Vous vous êtes trompé sur les premières phrases... Et, parti dans une fausse direction, vous avez continué jusqu'au bout... Gaillardement!

BARRICANT

Est-ce que ce Colson est digne de foi?

LE DOYEN

Oh! Monsieur! Un homme aussi éminent! Un *vrai* savant!

BLAISE

C'est inimaginable... C'est extraordinaire.

Il lit.

LE DOYEN

C'est là, mon cher confrère, que l'expérience d'un vieil érudit...

BLAISE, *il lit toujours et pousse un cri.*

Comment? Il prétend que *Phaéton* n'est pas de Platon?

LE DOYEN

Non, non, *Phaéton* n'est pas de Platon. Hé non! c'est vous qui l'aviez attribué au divin philosophe! Le manuscrit de Colson est signé très clairement du nom de Planasios. Un grammairien du premier siècle... qui s'amusait à faire des pastiches... et voilà... Voilà.

Blaise lit toujours, sans dire un mot, sans entendre. Le Doyen le regarde du coin de l'œil.

BARRICANT

Vous croyez vraiment que, pour la Sorbonne...

LE DOYEN *à Barricant.*

Ho! Ho! La Sorbonne! il n'y faut plus penser! Toute sa gloire était fondée sur la réussite de cette erreur colossale! Certes, quelques bons esprits étaient restés sur la défensive. Il me semblait que les théories de ce *Phaéton* expliquaient trop clairement les points obscurs du platonisme. (*Il poursuit Barricant, effaré.*) A le considérer avec un esprit averti, on se demandait aussitôt : « Ne serait-ce point là, plutôt que du platonisme, le *Néo-Platonisme* de Porphyre et de Jamblique? Et cette négation de la valeur de nos sens ne sent-elle point son Xénophane? Or, ce Xénophane est bien postérieur à Platon. Le divin maître ne pouvait donc avoir écrit ces pages qui parlent comme Xénophane ou comme Zénon d'Élée! Suivez bien mon raisonnement...

BARRICANT

Il vaudrait mieux le laisser seul. Blaise, nous te quittons un moment pendant que tu lis cet article, hein! Pendant que tu examines...

BLAISE, *sans lever la tête.*

Oui, allez-vous-en.

LE DOYEN

Soyez persuadé que je suis avec vous de tout cœur... Que je sens bien ce que la situation a pour vous de tragique... de véritablement tragique!

BARRICANT

Oui, venez donc!

Il essaie de l'entraîner.

LE DOYEN

C'est affreux... Cet effondrement soudain... La Roche Tarpéienne est bien près du Capitole!

BARRICANT

Mais venez donc.

Il l'entraîne. Le Doyen regarde avidement Blaise qui lit, lit, accablé.

LE DOYEN, *en sortant.*

Il y a de quoi se suicider!

Barricant l'a entraîné dehors. Il regarde encore à travers la vitre de la porte. Blaise lit toujours, immobile, avec un tremblement de désespoir. Alors, quand le Doyen a disparu, derrière Blaise, un jeune homme semble sortir de la muraille. Il est vêtu d'un vieux costume, il a des lorgnons de travers, des cheveux négligés qui mordent le col de son veston. Serviette sous le bras. Parapluie. Gros souliers éculés. Son visage est pâle, avec quelques boutons sur le front. C'est un étudiant pauvre et studieux, aux gestes gauches. Il se penche au-dessus de Blaise et lit par-dessus son épaule. Blaise ne l'a pas vu. Il lit en pleurant. Le jeune homme secoue tristement la tête, pendant que le rideau descend.

RIDEAU

ACTE II

Une salle à la Faculté des lettres.

A gauche, sur des gradins, quelques tables d'élèves. A droite, la chaire très longue, sur une estrade. Derrière la chaire, un tableau noir contre le mur. A droite, au premier plan, avant la chaire, une porte. Au troisième plan, après la chaire, une autre porte en pan coupé, à deux battants. A travers cette porte, on entend les conversations des étudiants qui attendent l'ouverture : « Penses-tu? — Oui, il doit rentrer aujourd'hui. — On m'a dit qu'il était assez mal fichu... » etc.

SCÈNE PREMIÈRE

LE DOYEN, L'APPARITEUR BAZIN

Par la première porte, à droite, entre l'appariteur. Il porte, d'une main, un trousseau de clefs, de l'autre, une carafe coiffée d'un verre renversé. Sous le bras, un allumoir au bout d'une perche.

Il allume deux becs de gaz. Il place la carafe et le verre sur la chaire. Il remplit d'eau le verre, puis sort de sa poche une petite boîte où il prend un morceau de sucre qu'il place sur une soucoupe. D'une autre boîte, il tire un morceau de craie qu'il pose sur la planchette au bas du tableau. Il souffle sur quelques grains de poussière et va vers la porte du fond pour l'ouvrir. A ce moment, la porte du premier plan s'ouvre et le Doyen s'avance vers lui.

LE DOYEN

Bazin! Attendez!

BAZIN

Il est cinq heures, monsieur le Doyen. M. Blaise ne va point tarder.

LE DOYEN

Y a-t-il des élèves?

BAZIN

Ils sont bien une quinzaine dans le corridor.

LE DOYEN, *soucieux.*

Bien. (*Un temps.*) Écoutez-moi, Bazin. La situation est extrêmement délicate. Je vous ai dit tout à l'heure que M. Blaise devait reprendre ses cours aujourd'hui. Eh bien, il vaudrait mieux, dans l'intérêt de cette maison, que M. Blaise se reposât encore quelque temps.

BAZIN

Voilà bien huit jours qu'il se repose!

LE DOYEN

Oui, mais ce n'est pas suffisant. (*Un temps.*) Bazin, je préférerais qu'il ne vînt pas aujourd'hui.

BAZIN

Monsieur le Doyen n'a qu'à lui donner l'ordre de rester chez lui!

LE DOYEN

Je le voudrais bien, mais je n'en ai pas le droit.

BAZIN

Quand j'étais gendarme, monsieur le Doyen, je savais ce que c'était, la discipline. Pendant vingt-cinq ans que je suis été gendarme, j'ai vu ce que c'est, la discipline. Depuis que je suis été nommé appariteur de faculté, je me suis aperçu que la Faculté, sous le rapport de la discipline, ça ne peut pas lutter avec une gendarmerie. (*Le Doyen hausse les épaules.*) Ça a l'air drôle, ce que je dis, mais c'est logique, quoique ça soit drôle.

LE DOYEN

Ne dites pas que c'est drôle, parce que ça n'est pas drôle du tout. (*Un temps.*) Il est certain que M. Blaise n'est pas en état de reprendre ses fonctions.

BAZIN

Monsieur le Doyen a peur qu'il s'évanouisse?

LE DOYEN

Oh! non! Je l'ai vu avant-hier, il avait l'œil vif, trop vif peut-être!

BAZIN

Ah! Ah!

LE DOYEN

Et ce matin, au téléphone, sa voix avait un son particulier... Une sorte de gaieté satanique...

Il hoche la tête.

BAZIN, *inquiet.*

Ho! ho! Monsieur le Doyen a peur que cette histoire du *Phaéton* lui ait frappé sur la tête?

LE DOYEN

Je le crains... Il m'a tenu un langage si étonnant. J'ai eu l'impression... (*Il se touche le front.*) qu'il déménageait.

BAZIN, *avec finesse.*

En ce temps de crise du logement! (*Il rit.*) En voilà un qui est drôle! Celui-là est drôle!

Il rit.

LE DOYEN, *à lui-même.*

Il est certain qu'il va venir. Mais s'il ne trouvait pas d'élèves...

BAZIN

Il y en a une vingtaine.

LE DOYEN

Si on pouvait les renvoyer.

BAZIN

Si monsieur le Doyen m'en donne l'ordre, je les fais filer aussitôt!

LE DOYEN

Mais non! je ne puis pas vous en donner l'ordre... C'est un désir... Un souhait que je formule...

BAZIN

Un souhait?

Il réfléchit violemment.

LE DOYEN

Comprenez-moi bien, Bazin... Si un subalterne, comme vous, avait mal compris mes ordres... S'il avait renvoyé les élèves de M. Blaise, qu'arriverait-il?

BAZIN, *dans un grand effort d'attention.*

Oui, qu'arriverait-il?

LE DOYEN

Il n'arriverait rien du tout... Après tout, un subalterne peut se tromper.

BAZIN

Je ne me trompe jamais.

LE DOYEN

C'est du moins ce que je dirais à M. Blaise, s'il venait se plaindre... Vous comprenez? Moi, si vous vous étiez trompé, j'aurais eu pour vous de la reconnaissance.

BAZIN

La reconnaissance de monsieur le Doyen, n... de D...!

LE DOYEN, *brusquement.*

Écoutez. Je sais, moi, parce qu'il me l'a téléphoné tout à l'heure, que M. Blaise viendra faire son cours. Mais vous, vous ne le savez pas.

BAZIN, *ahuri.*

Moi? Je ne le sais pas?

LE DOYEN

Non, vous ne le savez pas!

BAZIN

Mais puisque vous venez de me le dire!

LE DOYEN

Non, Bazin... je ne vous l'ai pas dit!

BAZIN, *éperdu.*

Alors, je me demande qui est-ce qui a pu me le dire?

LE DOYEN, *hurlant.*

Personne ne vous l'a dit! (*Bazin a les yeux hors de la tête.*) Allons, Bazin, regardez-moi bien.

BAZIN, *plein de bonne volonté.*

Oui, monsieur le Doyen.

LE DOYEN

Vous êtes appariteur à la Faculté. Vous n'êtes pas forcé de savoir les secrets des dieux.

BAZIN

Pour sûr, je n'ai même pas fait ma première communion!

LE DOYEN

Ah! b... D...! Écoutez-moi : vous ne m'avez pas vu, je ne vous ai pas parlé. Vous avez mal compris les ordres. Vous renvoyez les élèves parce que vous avez cru que M. Blaise ne viendrait pas. Moi, je n'ai rien vu, je ne suis pas là.

BAZIN

Vous n'êtes pas là!

Il transpire à grosses gouttes. Il est affolé. Soudain, il se précipite sur le verre d'eau et l'avale d'un trait.

LE DOYEN, *navré.*

Ah! mon pauvre Bazin, si la bêtise était douloureuse, vous ne cesseriez de hurler.

BAZIN

Monsieur le Doyen, je vous en supplie, dites-moi ce qu'il en est! Je vous en implore, monsieur le Doyen.

LE DOYEN

Il faut renvoyer les élèves comme par erreur.

BAZIN, *il s'illumine.*

Ah! j'ai compris!

LE DOYEN

Ce n'est pas malheureux! Savez-vous ce que vous allez leur dire? Vous allez leur dire : « M. Blaise viendra samedi. » C'est d'ailleurs la vérité. Puisqu'il doit venir aujourd'hui, il viendra aussi samedi.

BAZIN

Très juste.

LE DOYEN

Donc, à toutes les questions, vous répondrez : « M. Blaise viendra samedi. » Cela suffira pour les faire partir.

BAZIN

Très bien. (*Il cligne de l'œil.*) « M. Blaise viendra samedi. » Je n'ai pas vu M. le Doyen. Non, je ne l'ai pas vu. Je ne sais rien. M. Blaise viendra samedi.

LE DOYEN

Je saurai vous en remercier.

Il sort au premier plan à droite. Bazin choisit une clef et va ouvrir la porte du fond. Mais il reste sur le seuil et ne laisse entrer personne.

SCÈNE II

BAZIN, STÉPANOVITCH

VOIX DES ÉTUDIANTS

Ah! enfin!

BAZIN

M. Blaise viendra samedi.

LES VOIX

Samedi? — Zut! — Tant mieux!

BAZIN

Il viendra samedi, à l'heure habituelle.

LES VOIX

Qui vient faire un billard? — Moi. — Moi. — Venez donc, mademoiselle Poche. — Je ne sais pas jouer. — Venez tout de même.

BAZIN

Allons, la jeunesse, pas de gaudrioles! (*On entend les pas d'un groupe qui s'en va. Entre Stépanovitch, qui pousse de côté l'appariteur. Il a une serviette sous le bras.*) Je vous dis qu'il viendra samedi!

STÉPANOVITCH, *il va s'asseoir.*

J'ai du travail. J'aime autant rester ici.

BAZIN

M. le Doyen n'aime pas qu'il y ait des hommes isolés dans le casernement.

STÉPANOVITCH

En tout cas, j'ai bien le droit d'attendre l'heure du cours. J'ai vu notre maître hier, il m'a dit qu'il rentrerait aujourd'hui.

BAZIN

Mais si vous êtes tout seul, il ne vous fera pas le cours!

STÉPANOVITCH

Je le verrai bien. Qui vous a dit qu'il ne viendrait pas aujourd'hui? (*Bazin ne répond pas. Il paraît très embarrassé.*) Est-ce le Doyen qui vous a chargé de renvoyer les élèves?

BAZIN, *il se gratte la tête.*

M. Blaise fera son cours samedi. Faites bien attention à ce que je dis. Et n'allez pas dire que j'ai dit quelque chose que je n'ai pas dit. M. Blaise fera son cours samedi.

STÉPANOVITCH

Eh bien, c'est parfait.

Il tire des journaux de sa serviette et se met à lire en hochant la tête. Bazin, soucieux, s'en va. Au bout d'un instant, entre Cécile. Elle a un bouquet de violettes.

SCÈNE III

STÉPANOVITCH, CÉCILE

STÉPANOVITCH, *il se lève, heureux.*

Bonjour, mademoiselle Boissier.

CÉCILE

Bonjour, Stépa. Pourquoi dit-on qu'il n'y aura pas de cours aujourd'hui?

STÉPANOVITCH

Je n'en sais rien. J'attends.

CÉCILE

Attendons.

Elle place le petit bouquet de violettes dans un vase, au coin de la chaire.

STÉPANOVITCH

J'ai vu M. Blaise avant-hier.

CÉCILE

Il est bien malade?

STÉPANOVITCH

Non, je n'ai pas eu cette impression. Je suis allé chez lui pour un travail qu'il m'a confié. Nous avons causé comme d'habitude. Non, pas tout à fait comme d'habitude. Il m'a dit : « J'ai pris un petit congé pour réfléchir. Je me regarde pour la première fois et je suis bien étonné. »

CÉCILE

Et... vous a-t-il parlé de *Phaéton?*

STÉPANOVITCH

Non. Et je n'ai rien dit non plus, naturellement.

CÉCILE

Les journaux en sont pleins. (*Un temps.*) Vous comptez toujours retourner en Serbie?

STÉPANOVITCH

Un peu plus tard. A la fin de l'année... J'ai reçu de bonnes nouvelles de ma famille, n'est-ce pas? Alors, j'attends.

CÉCILE

Tant mieux... pour vos études. Est-ce que vous avez vu Mlle Poche?

STÉPANOVITCH

Non, pas encore.

CÉCILE

Ce soir, nous devions aller ensemble au théâtre. Il y a une troupe de Paris qui joue *Les Revenants.*

STÉPANOVITCH

C'est une belle pièce. Je serais heureux si vous me permettez d'aller avec vous.

CÉCILE

Tout justement, j'avais pris un billet pour

Mlle Spengler. Elle est malade. Elle ne viendra pas. Si vous le voulez?

STÉPANOVITCH

Oh! oui, je veux bien.

CÉCILE

Rendez-vous ce soir, à huit heures, devant la porte de Mlle Poche.

STÉPANOVITCH

Parfait, parfait... Elle est bien gentille, Mlle Poche, mais elle n'est pas bien jolie.

CÉCILE

Oh! pour vous, personne n'est joli. L'autre jour, vous avez dit que Mlle Spengler était laide.

STÉPANOVITCH

Je n'ai pas dit qu'elle était laide. J'ai dit qu'elle n'est pas belle. C'est la vérité.

CÉCILE

Il faut que les jeunes filles serbes soient d'une grande beauté pour vous avoir rendu si difficile.

STÉPANOVITCH

Oh! non! C'est tout le contraire! Les jeunes filles serbes sont moins jolies que les françaises. Elles sont de plus belles femmes, mais elles pèsent un grand nombre de kilos. Et puis, vous savez, je ne suis pas un arbitre de beauté, avec cette grande figure d'épouvanteur des moineaux.

CÉCILE

Est-ce que vous avez des sœurs?

STÉPANOVITCH

Non. J'avais un frère. Il est mort à la bataille du Vardar. Il ne me reste que ma mère.

CÉCILE

Est-ce qu'elle est jolie?

STÉPANOVITCH

Si ma mère est jolie? (*Il éclate d'un grand rire puéril.*) Si ma mère est jolie? Ho! ho! Il faudra que je lui écrive cette question. C'est une question très forte. Pour moi, elle est jolie, assurément!

CÉCILE

Et votre fiancée?

STÉPANOVITCH

Je n'en ai pas, bien sûr. Et vous, votre fiance, comment est-il?

CÉCILE

Je n'en ai pas.

STÉPANOVITCH

Et Mlle Poche, est-ce qu'elle a un fiancé?

CÉCILE

Je ne sais pas.

STÉPANOVITCH

Moi je le sais. Elle est un peu passionnée pour ce jeune homme qui travaille pour la licence d'allemand.

CÉCILE

Qui vous l'a dit?

STÉPANOVITCH

Je l'ai vu. Au cours de français, ils sont toujours à côté l'un de l'autre, ils sortent toujours ensemble. L'autre jour, je les ai rencontrés au musée des peintures.

CÉCILE

Eh bien? Nous aussi nous allons au musée, et nous sommes souvent voisins. Vous êtes une mauvaise langue, Stépa.

STÉPANOVITCH

On ne peut pas dire mauvaise langue quelqu'un qui parle sans malice. (*Un temps. Stépanovitch sort ses cahiers de sa serviette.*) Elle est bien fière Mlle Poche depuis qu'elle s'est fait couper les cheveux.

CÉCILE

Ça ne lui va pas mal du tout.

STÉPANOVITCH

C'est une très jolie mode. Vous devriez essayer pour vous.

CÉCILE

De me faire couper les cheveux?

STÉPANOVITCH

Oui. Il me semble qu'il vous irait le mieux du monde.

CÉCILE

Pourquoi?

STÉPANOVITCH

Parce qu'il donne l'air tout à fait gai et qu'il est très convenable.

Entre Mlle Poche. Elle est mince, les coudes pointus.

MLLE POCHE

Bonjour.

Scène IV

Les mêmes, Mlle POCHE

STÉPANOVITCH

Bonjour, mademoiselle Poche. Nous parlions de vous.

MLLE POCHE

Et vous en disiez du mal?

CÉCILE

Un peu, mais sans malice.

MLLE POCHE

Oh! vous faites tout sans malice. Eh bien, viendra-t-il? Ne viendra-t-il pas?

STÉPANOVITCH

Je parie qu'il viendra.

MLLE POCHE

J'aimerais autant qu'il ne vienne pas. D'abord, parce que je n'ai pas fini mon thème; et puis, je ne saurai pas quelle tête faire devant lui.

CÉCILE

Pourquoi?

MLLE POCHE

A cause de l'histoire de *Phaéton.* Je serai plus gênée que lui.

CÉCILE

Moi aussi...

MLLE POCHE

Moi, je vous avertis, mes enfants. Si je vois qu'il est honteux, qu'il est ému, je me mets à pleurer. Et quand je pleure, ça me donne le hoquet.

Scène V

Les mêmes, FESSOLES

Entre Fessoles, étudiant de vingt-cinq à trente ans. Barbiche blondouillarde et moisie qui rampe sur ses joues comme un lichen. Il parle du nez terriblement.

FESSOLES, *joyeux.*

Hein? Croyez-vous? Quelle histoire!

STÉPANOVITCH

Quelle histoire?

FESSOLES

Phaéton. Tu n'as pas lu les journaux? Ils en parlent tous. Et qu'est-ce qu'ils lui passent! Oh! là! là! Oh! ma mère! Vous croyez qu'il viendra aujourd'hui?

CÉCILE

Nous l'attendons jusqu'à cinq heures.

FESSOLES

Les autres sont partis.

STÉPANOVITCH

Tant pis pour eux.

FESSOLES

L'appariteur dit qu'il ne viendra pas.

STÉPANOVITCH

Nous le verrons bien.

FESSOLES

Quelle histoire! Il n'entrera pas à la Sorbonne, hein?

CÉCILE

On ne sait jamais.

FESSOLES

Oh! c'est couru. Lisez donc les journaux! Au point de vue scientifique, il est grotesque.

CÉCILE

Il y a des gens qui sont grotesques à tous les points de vue.

FESSOLES, *il réfléchit.*

Ça, c'est vrai. Mais ils ne se présentent pas à la Sorbonne.

SCÈNE VI

LES MÊMES, BARDONNÈCHE, PERNETTE, BRANCARD

Entre Bardonnèche : c'est un jeune séminariste en soutane. Il est suivi de deux jeunes gens Pernette et Brancard.

BARDONNÈCHE, *voix rose.*

C'est aujourd'hui que le cours de grec recommence?

STÉPANOVITCH

Oui.

PERNETTE

Plumier nous a dit qu'on avait renvoyé les élèves.

MLLE POCHE

D'après l'affiche, les cours reprennent aujourd'hui.

BRANCARD

Attendons toujours!

FESSOLES, *à Bardonnèche.*

Hein! croyez-vous, quelle histoire!

BARDONNÈCHE

C'est une histoire bien grave et bien triste, vraiment... Je suis consterné!

FESSOLES

Dans *Le Radical,* on dit que Blaise savait très bien ce qu'il faisait, et qu'il n'a pas été dupe.

CÉCILE

Dupe de quoi?

FESSOLES

De sa propre fumisterie.

BRANCARD

On dit qu'il savait très bien que *Phaéton* n'était pas de Platon.

CÉCILE

Mais pourquoi l'aurait-il attribué à Platon?

FESSOLES

Pour lui donner du retentissement. tiens!

CÉCILE

C'est méchant!

BARDONNÈCHE

C'est d'autant plus méchant que c'est vraisemblable.

STÉPANOVITCH

Allons donc! C'est absurde!

FESSOLES

Tout de même, quand je pense que, la semaine dernière, il m'a dit : « Vous manquez de sens critique! » Oh! là! là! Pour ce qu'il en a eu, lui, de sens critique!

CÉCILE

Dites donc, il y a aussi Palmer qui vous a conseillé de faire de l'élevage.

Tous rient.

FESSOLES

Naturellement, elle défend son béguin!

STÉPANOVITCH

Quel béguin?

FESSOLES

Tu ne sais pas qu'elle a un gros béguin pour...

STÉPANOVITCH

Assez!

FESSOLES

Quoi?

STÉPANOVITCH

Si tu dis encore un mot, je te frappe sur le nez que tu vois Belgrade en plein jour!

TOUS

Allons, allons...

CÉCILE

Laissez-le, c'est un imbécile...

Entre l'appariteur. Il dit, à voix basse : « Le Doyen. » Tous s'assoient en hâte. Entre le Doyen.

SCÈNE VII

LES MÊMES, LE DOYEN

LE DOYEN, *il joue avec son lorgnon.*

Mes chers amis (vous savez que, dans notre Faculté, nos élèves sont nos amis), j'ai à vous dire — hum! — une communication d'une importance... morale assez considérable. Vous connaissez aujourd'hui la véritable cause de l'absence de votre maître et nous pouvons en parler librement, puisque aussi bien toutes les feuilles publiques retentissent aujourd'hui du bruit de son nom. Il est malheureusement certain que toute l'affaire *Phaéton* ne saurait désormais être comptée parmi les titres de gloire de M. Blaise, qui — hum! — n'avait d'ailleurs que celui-là. En tout état de cause, nous voilà bien forcés de reconnaître que ce petit scandale jette sur sa réputation d'érudit un discrédit regrettable. Regrettons-le. (*Un temps.*) Permettez-moi maintenant d'attirer votre attention sur deux points. Certains journaux semblent se complaire à présenter la chose sous le jour le plus défavorable pour notre infortuné grammairien. On est allé jusqu'à dire qu'il était en cette affaire de mauvaise foi. Je proteste! Et vous qui le connaissez, vous protesterez avec moi. Quand il attribua au divin Platon l'œuvre banale d'un maître d'école alexandrin, il était de bonne foi. Quand il travestit ce texte, quand il se trompa sur la plupart des mots effacés, il était de bonne foi. Quand il accumula les erreurs et les étourderies, en dix-sept ans de travaux inutiles, il était de bonne foi. Qu'on lui reproche son manque de réflexion, qu'on regrette sa naïveté, qu'on le taxe d'ignorance, soit! Mais qu'on n'incrimine pas sa bonne foi. Elle fut entière. Des milliers de dupes que nous vîmes éblouies par ce *Phaéton,* il fut la première et la plus à plaindre. D'autre part, et je vous signale cet autre aspect de la question, il ne faudrait pas que cette... — hum! — faillite... (nous sommes en famille, nous pouvons dire faillite)...

FESSOLES, *à mi-voix.*

Oui, faillite!

LE DOYEN

Il ne faudrait pas que cette faillite fût considérée à l'extérieur comme la faillite de cette maison. Au cas où des propos désobligeants seraient tenus en votre présence, je sais que vous ne manquerez pas de proclamer — hum! — la vérité. Vous direz que les travaux accomplis par d'autres professeurs restent debout; et que les ouvrages d'un Palmer, par exemple, sur le Schématisme transcendantal, ou les études Rebizolette sur les Voyelles Accentuées dans les Patois du douzième siècle sont des monuments plus durables que cet éphémère *Phaéton.*

FESSOLES

Ah! oui, alors!

LE DOYEN

Quant à votre maître, je vous demande instamment de ne pas lui retirer votre confiance. Malgré tout, il reste ce qu'il était avant la dangereuse trouvaille de ce manuscrit : un excellent professeur de grammaire, parfaitement capable de conduire ses élèves jusqu'à la licence ès lettres. S'il reparaît aujourd'hui à la Faculté, j'espère que tout, dans votre tenue, dans votre façon de l'écouter et de lui répondre, dans le ton assourdi de votre voix, j'espère que tout lui montrera la part que vous prenez à son deuil.

Stépanovitch se lève.

STÉPANOVITCH, *il est tout rouge.*

Monsieur le Doyen, permettez-moi de vous dire, au nom de tous mes camarades, que notre maître n'est pas diminué à nos yeux. Nous connaissons son érudition, son intelligence, son cœur. C'est pourquoi nous nous garderons bien de lui témoigner une pitié dont il n'a pas besoin.

LE DOYEN, *sec.*

Qui parle de pitié? Vous n'avez pas à vous apitoyer sur vos maîtres, monsieur Stépanovitch. Contentez-vous de les respecter.

STÉPANOVITCH

Je les respecte profondément, monsieur le Doyen.

Entre l'appariteur en hâte. Il dit à voix basse quelques mots au Doyen, qui s'enfuit avec lui.

SCÈNE VIII

BLAISE, CÉCILE, STÉPANOVITCH, Mlle POCHE, FESSOLES, BARDONNÈCHE, PERNETTE, BRANCARD

Entre Blaise, une serviette volumineuse sous le bras. Tous se lèvent. Il les regarde un instant.

BLAISE

Asseyez-vous. Où sont les autres?

STÉPANOVITCH

On leur a dit que vous ne viendriez pas aujourd'hui. Ils sont partis.

BLAISE

On a fait le vide. (*Il sourit.*) Tant pis pour les absents. Je vous demande une seconde.

Il passe dans le vestiaire et en revient en robe de professeur. Mouvement de surprise parmi les élèves.

BLAISE

Je vous dirai tout à l'heure pourquoi j'ai mis cette robe aujourd'hui. (*Il monte à la chaire dans un grand silence. Soudain, au fond de la salle, sur le dernier gradin, surgit le petit jeune homme du premier acte, éclairé en bleu. Il écoutera jusqu'au bout avec passion.*) Mes chers amis, vous savez tout. Reginald Colson a raison. A lui la gloire. A moi les huées! Certes, ma vanité souffre, mon orgueil est cruellement blessé. Cependant, cette souffrance n'est que le plus petit résultat de mon aventure. J'ai longtemps médité sur ces faits; la leçon que j'en ai tirée me semble si considérable et si précieuse que j'en veux partager avec vous le profit. (*Il prend un petit livre et le montre.*) Voici le texte tel qu'il fut reconstitué par moi. Il contient huit cent soixante-quatorze erreurs importantes. Or, ce texte (*il brandit le livre*) publié par moi il y a six ans, fut accueilli par les érudits du monde entier avec une joie unanime. Les hellénistes s'extasièrent sur la pureté de la langue. Les philosophes ne boudèrent point. Durier-Coutantin, de l'Institut, consacra deux gros volumes à ma découverte. Ainsi donc, les plus hautes autorités en matière de langue grecque et de philosophie ont considéré, pendant six ans, comme le chef-d'œuvre du divin Platon, ce qui n'était que l'avortement d'un grammairien français du vingtième siècle.

STÉPANOVITCH, *il se lève.*

Maître, ils avaient peut-être raison.

BLAISE

Non. Si Platon est le grand homme que l'on croit, il est impossible qu'un Français écrive le grec mieux que lui. Il est impossible qu'un grammairien soit, plus que lui, grand philosophe. Si les érudits et les philosophes ont admiré mon *Phaéton,* c'est que les érudits et les philosophes ne savent point juger des choses dont ils s'occupent, ou plutôt qu'ils n'en peuvent point juger. Une œuvre est belle quand elle est signée Homère ou Platon. Cette même œuvre sera méprisable si l'auteur en est Blaise ou Tartempion. De même, dans le jeu de cartes, le roi de cœur sera une haute puissance si l'on convient qu'il est le roi d'atout; ce même roi, sans aucun changement dans sa physionomie, si nous changeons d'atout, il sera vaincu par le sept de trèfle. *Phaéton,* signé de Platon, c'était le plus beau des atouts. Signé de Blaise, c'est le mistigri : on cherche à s'en débarrasser. Un jeu, oui, mes amis, voilà ce que sont les études, et je crois qu'il faut étendre cette conclusion à tous les travaux de l'esprit. La musique qui enivre un Arabe fait fuir un

Français. Beethoven n'est un dieu que chez les hommes blancs. Et d'ailleurs, si une variation atmosphérique modifiait soudain la tension de notre tympan, Mozart, Wagner, Chopin seraient anéantis. Et il en est de même pour les peintres, et pour tous les artistes qui s'agitent si vainement sur cette boue solidifiée qui constitue la croûte terrestre. Oui, les œuvres de la pensée ne sont que des jeux dérisoires : fantaisie, fariboles, suggestion, blague et fichaise.

BARDONNÈCHE

Il y a pourtant de grandes œuvres!

MLLE POCHE

Celles qui ont traversé les siècles!

BLAISE

Ont-elles traversé les siècles parce qu'elles étaient de grandes œuvres, ou sont-elles de grandes œuvres parce qu'elles ont traversé les siècles? Je crains bien, mademoiselle Poche, qu'il n'en soit des œuvres comme des hommes, qui n'arrivent à rien qu'en vieillissant.

BARDONNÈCHE

Maître, quelle que soit la cause de notre émotion devant certaines œuvres, ce respect et cette émotion n'en existent pas moins! Et tous les hommes sont d'accord pour mettre au rang des joies les plus hautes et les plus profondes celle de l'écrivain ou du penseur!

BLAISE

Parce que nous souffrons d'une terrible hypertrophie du cerveau... Oui, chez nous, l'équilibre est rompu, et nous sommes de grands malades. L'intelligence, dans la nature, ce n'était qu'une pauvre petite lueur qui devait nous guider dans l'accomplissement des actes quotidiens. Nous lui avons donné, peu à peu, trop d'importance. Et nous sommes comme serait un homme qui porte une lampe dans un souterrain à la recherche d'un trésor. Soudain, la lampe fume, ou flamboie, ou ronfle, ou crépite. Alors, il s'arrête, il s'assied par terre, il fait monter ou descendre la mèche, il règle des éclairages. Et ce travail l'intéresse tant qu'il a oublié le trésor, qu'il finit par croire que le bonheur c'est de perfectionner une lampe et de faire danser des ombres sur un mur. Et il se contente de ces pauvres joies de lampiste, jusqu'au jour où il voit soudain que sa vie s'est passée à ce jeu puéril... Alors, il veut se lever, il tend les mains vers le trésor... Trop tard! La mort déjà le tient à la gorge. L'intelligence, c'est la lampe. Le trésor, ce sont les joies de la vie; et, pour moi, je suis ce pauvre homme qui vient de comprendre son malheur... Toute ma vie, toute ma vie, comme un enfant, j'ai fait danser des ombres sur un mur.

Une grande émotion le gagne; il se tait, la tête entre ses mains.

MLLE POCHE

Maître, nous essayons de vous comprendre et d'accorder ce que vous nous dites avec vos paroles d'autrefois.

JAZZ

BLAISE

Oh! mademoiselle Poche, il y a trois ans que je vous regarde, mais, pour la première fois, je vous vois. (*Il s'adresse aux autres, à lui-même et à des choses invisibles.*) Il y a deux mille ans, à Sparte, elle eût suivi la chasse des jeunes hommes sur le Taygète chevelu. A peine vêtue d'étoffe légère, elle eût mené sur l'or des grèves le chœur divin des vierges dansantes : les soleils du Péloponnèse auraient mûri sa jeune chair, et, le soir, près de l'Eurotas, toute blanche dans le crépuscule, elle eût cueilli les lauriers-roses en regardant passer les cygnes... Où sont-elles, les Canéphores qui portaient aux Panathénées les corbeilles de jonc tressé! Et Nausicaa, l'irréprochable qui jouait à la balle avec de belles filles sur le bord de la mer brillante? Nausicaa, où sont tes épaules, la ligne heureuse de ton cou, tes beaux seins de neige élastique, ton pied délicat et cambré? Ah! le corps! le corps! l'allégresse des jeunes courbes, l'harmonie facile des mouvements! O mes amis, il y avait plus d'intelligence et de poésie dans la cheville d'une vierge que sous le crâne enflé de Sully Prudhomme. S'il en est parmi vous qui soient incapables de vivre, que ceux-là continuent ces études, qu'ils deviennent professeurs, avocats, écrivains; après tout, la culture littéraire est un moyen d'existence autorisé par la loi, et il faut bien quelques lampistes par le monde... Mais qu'ils sachent que réparer les lampes, ce n'est pas le but de la vie. C'est un métier. Le but de la vie est ailleurs, et toutes les joies qu'elle nous offre sont en notre chair. Quant aux autres, je leur dis ceci : si vous pouvez forger une pioche, bâtir un mur, pétrir un pain, allez et travaillez, et faites quelque chose d'utile. Aujourd'hui, je n'ai mis cette robe que pour la quitter. (*Il ôte sa robe, la jette sur la chaire et descend les marches d'un pas incertain. Son regard rencontre la haute pendule, près de la porte. Il s'arrête, et parle encore.*) Voici mes dernières paroles. Regardez bien la cliquetante mécanique qui décapite les secondes. (*Il montre la haute pendule.*) Elle est étroite et sombre, et, par l'affreuse lunette, le balancier qui passe a l'air d'un couperet. Les frêles secondes accourent. Elles plongent leur tête dans l'ouverture... Tic, tac... Les voilà mortes, mortes pour jamais. A pas très lents s'avance leur file. Elles ne sont pas toutes pareilles, les innombrables petites sœurs... Il y en a de rouges et de mauves, et qui traînent au bas de leur robe un lambeau fané du couchant... Il y en a qui sont toutes dorées pour avoir dansé au soleil sur les branches des amandiers... Et d'autres qui paraissent ivres, dans leurs robes sombres piquées de points d'or, pour avoir dormi sur la terre tiède parmi l'ombre claire des pins amicaux... Mais voici la plus belle et la plus timide qui cache sa face dans ses longs cheveux. C'est qu'elle est allée trop près d'une lèvre, sa traîne fut prise dans un baiser... Tic, tac, le couchant devient sombre, les amandiers sont graves et tristes; les pins amicaux tomberont demain... Tic... tac... Tous nos rêves n'étaient que des rêves, et notre bel hier s'est enfui pour jamais... Pour jamais... (*Un temps. Il a les yeux fermés. Puis il semble s'éveiller, et dit brusque-*

ment.) Jouissez de la vie. Celui qui vous le dit a raté la sienne.

Il sort comme un fou. Le jeune homme pâle descend au milieu des élèves immobiles et qui semblent ne pas le voir. Il va à la chaire, prend la robe à bout de bras, la regarde en ricanant, puis la jette et sort pendant que le rideau tombe.

RIDEAU

ACTE III

Même décor qu'au premier acte. Mais il n'y a plus de livres sur les rayons.

Scène première

BLAISE, MÉLANIE un instant, LE DOYEN

Il est six heures du soir, en mars. Blaise est seul. Il fouille les tiroirs, prend des liasses de papiers, les examine, les déchire et les jette à terre en haussant les épaules avec mépris. Entre Mélanie, qui paraît ahurie.

MÉLANIE

C'est M. le Doyen.

BLAISE

Il doit avoir pas mal de choses à me dire. Faites entrer.

Entre le Doyen. Il regarde Blaise, lève les bras au ciel, hausse les épaules, le regarde de nouveau, secoue la tête tristement.

LE DOYEN

Ah! vous avez fait du joli! C'est du joli!

BLAISE

Mon Dieu, j'ai fait ce que j'ai pu.

Il continue à déchirer des papiers. Le Doyen regarde avec inquiétude la bibliothèque dévastée.

LE DOYEN

Je ne sais si vous vous rendez compte des conséquences de votre acte. Je suis forcé de rédiger un rapport et de l'envoyer à M. le Ministre.

BLAISE

Faites votre métier.

LE DOYEN

Je vais le faire. Mais, par un souci d'exactitude et de justice, je voudrais d'abord savoir si vous avez vraiment prononcé les expressions saugrenues que l'on répète déjà par la ville.

BLAISE

Quelles expressions?

LE DOYEN, *il consulte un petit papier qu'il a tiré de sa poche.*

Tout d'abord, en parlant de notre enseignement, vous seriez allé jusqu'à prononcer le mot de « fariboles ».

BLAISE

J'ai même dit « fichaises ».

LE DOYEN, *inquiet*

Vous avez dit « fichaises »?

BLAISE

J'ai dit des fichaises.

LE DOYEN, *navré.*

Bien. (*Il note le mot.*) Vous avez dit : « Il y a plus de poésie dans le corset d'une jeune fille que sous le crâne enflé de Sully Prudhomme. »

BLAISE

Je ne crois pas m'être élevé jusqu'au corset. J'ai parlé simplement de la « cheville d'une vierge ».

LE DOYEN

Cheville. (*Il note.*) J'aime mieux ça. (*Il reprend son papier.*) Vous avez reproché à Mlle Poche de n'avoir pas de poitrine et vous lui avez conseillé de se promener sur les collines pour dorer sa chair au soleil.

BLAISE, *ironique.*

Précisément.

LE DOYEN, *les bras au ciel.*

Vous me direz tout ce que vous voudrez, mais on ne met pas une robe de docteur ès lettres pour donner des conseils de ce genre.

BLAISE

Alors, prenez ma démission.

Il montre une lettre sur le bureau.

LE DOYEN

Vous démissionnez?

BLAISE

Tenez.

Il lui remet la lettre. Le Doyen la regarde, il paraît hésiter, puis il dit :

LE DOYEN

Je ne ferai pas ce rapport.

BLAISE

Pourquoi?

LE DOYEN

Parce que je comprends trop bien les mobiles de votre acte insensé.

BLAISE

Quels sont-ils?

LE DOYEN

Votre gloire s'effondre et vous ne voulez pas périr seul. Comme Samson, vous secouez les colonnes du temple afin que sa chute ensevelisse...

BLAISE

Erreur profonde.

LE DOYEN

Ajoutons que peut-être votre clair jugement, votre pénétrante lucidité ont, sous ce choc terrible, légèrement fléchi...

BLAISE

Si vous me croyez gâteux, vous vous trompez. D'ailleurs, il serait bien long de vous exposer mon état d'esprit... (*Il repousse la lettre que le Doyen veut lui rendre.*) Non, gardez ce papier.

LE DOYEN

Il ne faut pas démissionner. A votre âge, ce n'est pas possible.

BLAISE

Pourquoi?

LE DOYEN

La Faculté, c'est votre vie. Si vous la quittez, vous ne saurez plus vivre... Vous allez à une catastrophe.

BLAISE

Voilà qui doit vous faire plaisir.

LE DOYEN

Non.

BLAISE

Pourtant, quand j'approchais de l'Institut, vous étiez jaune d'envie.

LE DOYEN

Peut-être. Oui, votre gloire me faisait mal. Et votre malheur me fait autant de mal. Je n'y comprends rien. (*Un temps.*) Nous sommes de drôles d'animaux... (*Un temps.*) Restez avec nous, j'arrangerai cette affaire.

BLAISE

Non.

LE DOYEN

Pourquoi?

BLAISE

J'ai perdu la foi.

LE DOYEN

Quelle foi?

BLAISE

Je ne crois plus aux travaux de l'esprit.

LE DOYEN

Qu'entendez-vous par croire?

BLAISE

Vous le savez bien, vous qui avez sacrifié votre vie à ces choses...

LE DOYEN

Moi? Je n'ai rien sacrifié du tout. Ma vie est chez moi, entre ma femme et mes enfants.

BLAISE

Vous n'avez jamais cru que vous exerciez un sacerdoce?

LE DOYEN

Ah! mon pauvre ami! Il y a longtemps que les dieux sont morts.

BLAISE

Mais alors, que faites-vous à la Faculté?

LE DOYEN

Mon métier.

BLAISE

Si ce n'est pour vous qu'un métier, pourquoi avez-vous choisi l'enseignement?

LE DOYEN

A cause des vacances.

BLAISE

Ha! ha! ha!

LE DOYEN

Eh bien, je n'ai qu'à vous regarder pour découvrir la cause de tout le mal. Vous manquez d'humilité.

BLAISE

Moi?

LE DOYEN

Oui. Vous enseigniez le grec avec passion, parce que vous croyiez accomplir une mission, jouer un rôle efficace dans l'univers... Vous vous êtes aperçu un peu tard que, vu de haut, tout cela n'est que blague et fichaise...

BLAISE

Et vous me reprochiez de l'avoir dit!

LE DOYEN

Ce sont des choses qu'il est inutile de dire parce que tout le monde les sait ; et puis, il ne faut pas les proclamer en chaire. Et puis, le point capital, c'est que votre mépris n'a frappé que les études littéraires, vous aviez l'air de les mettre au-dessous du reste. C'est absurde. Car, ici-bas, tout ce que font, disent ou pensent les hommes dans la lumière des matins ou sous les pleurnicheries des étoiles, tout n'est que blague et fichaise, de haut en bas, de bas en haut, de long en large et vice versa.

BLAISE

Mon cher Doyen, vous me jouez cette petite comédie parce que vous savez qu'il ne faut pas contrarier les fous. Mais je vous ai vu très fier de votre robe aux distributions des prix.

LE DOYEN

Quand des enfants jouent à la guerre avec des sabres de bois, ils éprouvent les affres de la défaite et l'enthousiasme du triomphe. Pourtant ce n'est qu'un jeu. Moi je joue au Doyen. Toutes ces choses que je sais mesquines et fausses, j'en tire de vraies joies, de vrais chagrins. Tout ça n'est qu'un jeu, mais l'on peut, en tenant sa place dans la partie, être aussi heureux que si l'on y croyait.

BLAISE

Je ne veux jouer à rien.

LE DOYEN

Allons! Comme si c'était possible! En ce moment, vous jouez au savant désabusé, mais votre partie vient se jeter à travers la mienne. Alors, je vous demande en camarade de respecter les règles ou d'aller vous amuser dans un autre coin de la cour.

BLAISE

Prenez ma démission.

Il a dit ces mots sur un ton si méprisant et si net que le Doyen change d'attitude. Il va au bureau, prend la lettre de démission et sort sans dire un mot. Soudain, il rentre agité, il est redevenu le Doyen, le vieux fonctionnaire rabougri, et il tremble des paroles qu'il a dites.

LE DOYEN

Mon cher collègue. Je vous ai dit tout à l'heure certaines paroles... qui ne traduisent pas très exactement ma pensée... Il ne faudrait pas vous imaginer que je ne crois pas à la beauté de ma mission. J'y crois, j'y crois de tout cœur... Je suis le Doyen de la Faculté des lettres. Je vais porter cette démission chez M. le Recteur, dans les délais réglementaires, et vous aurez sa réponse par la voie hiérarchique...

BLAISE

Allons, Guignol, va-t'en.

Le Doyen sort rapidement, menu, étriqué.

Scène II

BLAISE, puis LE JEUNE HOMME

Blaise déchire encore quelques feuillets, lentement, et les jette sur le tas qui est à ses pieds. Puis il reste assis sur le divan, la tête entre ses mains. Le soir descend. Soudain on entend, lointain et comme irréel, un piano qui joue une phrase de la dixième valse de Chopin. C'est une phrase un peu grêle, très douce et très rococo. Blaise lève brusquement la tête et écoute. La phrase s'éteint. Il baisse la tête, songeur. Il fait presque nuit. L'éclairage bleuit lentement. Soudain, sur la porte que le Doyen a laissée ouverte, paraît l'Inconnu. Il porte toujours sous le bras sa serviette de cuir usé. Il s'avance sans bruit jusqu'à Blaise.

BLAISE, *fiévreux, la tête baissée.*

Je ne vous connais pas! Je ne veux pas vous connaître! Allez-vous-en!

LE JEUNE HOMME, *il ne bouge pas, secoue la tête et parle avec une douceur cruelle.*

Bien souvent, j'ai tenté de revenir vers toi. Parfois, le soir, je suis arrivé jusqu'au seuil. Toujours, toujours tu m'as chassé, sans même oser lever la tête. Tu as peur de moi?

BLAISE

Peur? Moi, peur? Je n'ai peur de personne. Qui vous a permis d'entrer ici?

LE JEUNE HOMME

Ta chute. (*Un temps. Blaise le regarde plusieurs fois, mais il ne peut soutenir son regard et baisse la tête.*) Regarde-moi.

BLAISE, *à voix basse.*

Qui êtes-vous?

LE JEUNE HOMME, *il hausse doucement les épaules.*

Tu le sais bien. Touche le cuir fripé de ta vieille serviette... (*Il l'ouvre, il en tire des carnets, des cahiers.*) Voici le carnet des racines grecques... Le gros cahier de sémantique... Le porte-plume de bois rouge et la vieille gomme inusable... (*Il la tient au bout des doigts et la regarde en souriant tristement.*) Reconnais-tu le parapluie? Et ce pardessus vert olive, n'est-il pas vraiment inoubliable?

Il rit tristement.

BLAISE

Toi?

LE JEUNE HOMME

Oui, je suis le jeune homme que tu fus, voilà trente ans... Je suis Jean Blaise, l'étudiant des Facultés de province... Me reconnais-tu maintenant?

BLAISE

Que veux-tu?

LE JEUNE HOMME

Des comptes. (*Il va parler d'une voix pauvre, avec une sorte de révolte plaintive. Il est gêné, gauche, mais parfois un élan le soulève.*) C'était donc pour en arriver là que tu m'as imposé cette vie d'esclave?

BLAISE

Va-t'en. Je te connais, mais je n'ai rien à te dire.

LE JEUNE HOMME

Ce serait trop commode! Tu m'as volé toutes mes heures, tu m'as courbé sur des tâches nocturnes pendant des mois et des années... Tu me disais : « Courage! Nous marchons vers la gloire! » Et voici le beau résultat : la faillite! Tu me disais : « Nous travaillons pour des buts grandioses... Notre labeur est un labeur sacré! » Hélas! Tous ces jours qui sont morts, ils n'ont pas donné deux sous de bonheur, ni à toi, ni à personne!

BLAISE

Trop tard. A quoi servent les plaintes?

LE JEUNE HOMME, *on dirait qu'il n'a pas entendu. Il parle vite, comme un halluciné. Il joue ce qu'il dit.*

Cinq heures! Un réveil grelotte...
Tu me secoues, tu m'arraches le beau sommeil
Que je pressais contre mon cœur...

Et me voici devant la table,
Dans cette mansarde classique...
Voici Hérodote, Lucien,
Les lexiques et les grammaires...

Il s'est assis devant la table et feuillette des livres.

Neuf heures! Allons, lève-toi!
Il faut partir, le dos voûté,
Vers la Faculté décrépite,
Vers les cuistres nourris de la cendre des morts...
J'ai ma serviette sous le bras.
Je marche au long du trottoir gris
Et tu me fais dire, une fois encore,
Les leçons vingt fois répétées...

Il joue ce dialogue.

— *Luthèsomai, luthèsei, luthèsestai...* Je t'assure que c'est inutile. Je sais très bien toutes ces choses.
— Il t'arrive parfois d'oublier. Récite.
— *Luthèsometha, Luthèsesté, Luthèsontai.* Nous pourrions passer par la rue Cardinale. Nous rencontrerions cette jeune fille qui a de petites mèches blondes sur sa nuque pâle.
— Elle n'a pas besoin de toi. Récite l'imparfait.
— L'imparfait? (*Un soupir.*) *Eluomen...*

Il jette le livre brusquement, il éclate en sanglots.

Non. Je ne puis pas!
Le soleil bleuit les fontaines,
On entend au cœur des platanes
Les amours des moineaux d'avril...

— L'avril ne fleurit pas pour moi...
N'es-tu qu'une bête sauvage?
— Pardonne-moi... J'ai dans la bouche
Un goût de miel. Sur mes paupières
Je sens des lèvres invisibles
Et je vois des fleurs dans mes mains...
— Idiot!

Il se retourne brusquement.

Regarde! Au bout du long trottoir,
Voici venir derrière nous
La ganse noire d'un chapeau...
Ralentis le pas! Elle approche!
Alors, tu me prenais à la nuque et tu me poussais comme une déroute, vite, plus vite, fuyant devant la jeunesse et l'amour!

Il sanglote.

Pas une femme dans ma vie!

BLAISE

Ne sois pas injuste. Il y en a. Nausicaa...

LE JEUNE HOMME

Ah! oui, les femmes des livres! Hélène, Chloé, Galathée...

BLAISE

Et Diane, et la douce Psyché... et la bergère Amaryllis...

LE JEUNE HOMME

J'aimais aussi d'un amour trouble
Le reflet de Narcisse dans l'eau...

BLAISE

Béatrix, Desdémone, Aricie... Elles venaient vers toi du fond des textes...

LE JEUNE HOMME

Mais elles s'arrêtaient soudain, comme des gens derrière une vitre... (*Avec une expression soudaine de désir.*) J'aurais voulu toucher leur peau... Toucher leur peau!

BLAISE

Tais-toi!

LE JEUNE HOMME, *il regarde ses mains ouvertes.*

Ces mains, ces pauvres mains fiévreuses,
Elles n'ont jamais tenu dans leurs paumes
Le globe tendre d'un sein de vierge...
La chair des femmes, si douce à voir,
Est-elle aussi douce à toucher?
Je ne sais pas.

BLAISE

Chacun accomplit son destin.
L'amour n'est pas donné à tous.
Tu avais le désir d'aimer.
Jamais ton désir n'a choisi.

LE JEUNE HOMME

Tu mens!

BLAISE

Jamais tu n'as dit : « Celle-là! »

LE JEUNE HOMME

La svelte jeune fille blonde
Aux petites mains toutes neuves...
Dans les crépuscules d'automne,
Je l'accompagnais jusqu'à la porte
Sous les platanes rouges et verts...
Elle marchait auprès de moi,
Une serviette sur la hanche,
Et ce bracelet noir qui tombait sur sa main...
Nous parlions de choses banales
Avec des mots en équilibre au-dessus de profonds silences...
Tu ne m'as jamais laissé dire ceux qu'elle attendait...
Oui, toi, tu me serrais la gorge,
Avec tes maigres doigts de cuistre...

BLAISE

Pourquoi parler?
Pour qu'elle prît cet air moqueur des jeunes filles?
Moi, lui parler d'amour quand je ne l'aimais pas?

LE JEUNE HOMME

En face de notre fenêtre,
Ce haut balcon était le fronton de la rue.
Elle se penchait sur la balustrade
Et regardait le soleil couchant entre ses cils...
Moi, je voulais lever les yeux vers elle...
Mais tu me tirais en arrière...
Alors, elle rentrait dans la fenêtre profonde,
Et soudain son piano chantait.
Te souviens-tu?

BLAISE, *brutal.*

Non.

LE JEUNE HOMME

Écoute!

On entend, plus précise, la phrase de Chopin qui danse dans l'ombre.

Sur le livre où ta main cruelle
Me tient si durement penché
Tombe une larme, lourde et ronde,
Qui éclate comme un soleil!

BLAISE, *il repousse violemment le jeune homme jusqu'à la porte.*

Va-t'en!

LE JEUNE HOMME, *il reste debout sur le seuil.*

De sa fenêtre tombe une fleur.
La nuit venue, comme un voleur,
Je suis descendu la chercher...
T'en souviens-tu?

BLAISE

Non.

Le jeune homme s'élance vers la bibliothèque et saisit une petite boîte de carton. Il l'ouvre, en vide le contenu sur le bureau.

LE JEUNE HOMME

Elle est ici, la fleur séchée!

Il élève au bout de ses doigts une vieille rose fanée. Blaise se précipite.

BLAISE

Misérable! N'y touche pas!

LE JEUNE HOMME

Il le repousse du bras gauche. De la main droite, il dresse la fleur morte dans un rayon de lumière bleue. La rose ressuscitée déploie lentement ses pétales.

Regarde, miracle! Regarde!
Aux doigts de ta jeunesse elle s'épanouit!

La fleur s'est ouverte. Le jeune homme la donne à Blaise, qui la respire longuement et qui pleure.

Et tu dis que tu n'aimais pas?

Un long temps.

BLAISE

Tu veux l'entendre de ma bouche. Eh bien, oui, j'ai aimé. J'ai souffert. Mais je n'ai pas été aimé.

LE JEUNE HOMME

Qu'en sais-tu?

BLAISE

Mais regarde-toi! J'étais laid!

LE JEUNE HOMME

Si tu avais voulu! Il ne fallait qu'un peu d'amitié pour ton corps!

BLAISE

Que pouvait-on aimer en moi?

Le Jeune Homme efface les boutons rouges sur son front. Il arrache le pardessus minable, la barbe floconneuse, la perruque hirsute. Il apparaît svelte, jeune, beau.

LE JEUNE HOMME

Ta jeunesse. Regarde-le, celui que tu portais en toi! Celui que tu pouvais être!

BLAISE, *avec une angoisse grandissante.*

Moi? J'aurais été ce jeune homme?

LE JEUNE HOMME

Oui, celui qui salue avec grâce, qui baise les mains parfumées, qui parle bas sur les divans...

BLAISE

Moi? Ce n'est pas vrai! (*Il recule jusqu'à la porte, hagard. Il crie :*) Va-t'en! Au secours!

La lumière bleue disparaît. Le Jeune Homme s'efface. Entre Mélanie, traînant la savate.

SCÈNE III

BLAISE, MÉLANIE

BLAISE, *il ne sait que dire. Un long temps.*

On n'a pas sonné?

MÉLANIE

Non, monsieur. J'étais à la cuisine, j'aurais entendu.

BLAISE

Il m'avait semblé. Il est sept heures et demie, n'est-ce pas?

MÉLANIE, *elle montre la pendule.*

Monsieur peut le voir comme moi!

Elle le regarde avec étonnement.

BLAISE

Oui, naturellement. Il est sept heures et demie. Merci.

Il se lève. Il boit un verre d'alcool.

MÉLANIE

Monsieur veut dîner dc bonne heure?

BLAISE

Non... Vers neuf heures...

MÉLANIE

Bien, monsieur. (*Un coup de sonnette.*) Cette fois-ci, on a sonné. (*Elle sort. Blaise se lève, se regarde dans le miroir, passe ses mains sur son front à plusieurs reprise et murmure : « Quel enfantillage! ». Rentre Mélanie.*) C'est Mlle Boissier.

Entre Cécile très émue.

SCÈNE IV

BLAISE, CÉCILE

BLAISE

Bonjour, Boissier. Asseyez-vous, je vous en prie. Je suis content de vous voir. Très content.

CÉCILE

Maître, je viens au nom de tous mes camarades...

BLAISE

Non. Je sais ce que vous allez me dire : que je n'ai pas perdu mon prestige à vos yeux, et que vous et vos camarades, etc... Non, laissons vos camarades où ils sont. Vous venez en votre nom, et cela suffit.

CÉCILE

Je viens à cause de la leçon que vous nous avez faite aujourd'hui.

BLAISE

J'ai dû vous étonner.

CÉCILE

Oh! oui, maître, je suis bouleversée.

BLAISE

Vraiment?

CÉCILE

Maître, croyez-vous vraiment... et définitivement ce que vous nous avez dit?

BLAISE

Oui. Dans toute ma vie, je n'ai jamais prononcé une parole qui ne traduisît ma pensée.

CÉCILE

Je le sais, maître. Mais ces idées que vous avez exprimées sont si nouvelles, si inattendues...

BLAISE

Que vous me croyez un peu fou? Allons, ne protestez pas. Eh bien, non, Boissier, je ne vous ai pas parlé tout à l'heure dans une crise de dépit ou de colère. J'avais bien réfléchi. Ma volte-face peut vous paraître brusque. Mais elle est absolument sincère, elle est surtout irrévocable. Le Doyen sort d'ici. Je lui ai donné ma démission.

CÉCILE

Je le craignais... C'est pour cela que je suis venue. Pour vous demander d'attendre, de ne pas abandonner si brusquement vos élèves...

BLAISE

Mes élèves peuvent fort bien se passer de moi.

CÉCILE

Non. Vous avez eu sur eux — sur certains, du moins — une influence... très grande, très considérable... Pour moi, quand j'ai commencé à travailler sous votre direction, je n'étais qu'une petite fille... Je savais par cœur beaucoup de choses, que je n'avais pas comprises... Dès que vous m'avez guidée, j'ai commencé à changer. Je ne sais pas pourquoi, j'ai aimé mon travail.

BLAISE

Un travail inutile et absurde.

CÉCILE

Peut-être, mais je l'aimais. Mes idées se sont développées. C'est grâce à vous que j'ai fait de grands progrès en latin.

BLAISE

En latin?

CÉCILE

Oui.

BLAISE

Ah! non. N'aggravez pas mon cas. Je ne vous ai jamais enseigné le latin.

CÉCILE

Je le sais. Mais vous m'avez appris tant de choses dont vous n'avez jamais parlé devant moi. Tenez, c'est vous qui m'avez fait comprendre que mon petit chapeau vert était laid.

BLAISE

Moi? Je voudrais bien savoir comment?

CÉCILE

En nous expliquant l'*Odyssée*. Vous nous avez parlé longuement sur deux vers et vous nous disiez qu'ils étaient parmi les plus beaux qu'on eût écrits. Moi, je ne voyais pas la beauté de ces vers; mais, parce que vous nous l'aviez dit, je voulais comprendre... Je me les répétais souvent. Un jour, j'ai compris, ou, plutôt, j'ai senti cette beauté, cette sobriété si pleine et si pure. Et un matin, devant ma glace, j'ai vu que mon chapeau vert était ridicule... Et puis, pour un grand nombre d'autres choses... Vous m'avez donné une tournure d'esprit, une personnalité, et je sens bien que, grâce à vous, je suis devenue plus intelligente.

BLAISE

Bref, je vous ai façonné un esprit à l'image du mien. *Mea culpa.*

CÉCILE

Ne le regrettez pas. En m'enseignant la grammaire grecque, vous m'avez appris à penser, à regarder le fond des choses, à examiner la vie, et c'est depuis que je la comprends que je me suis mise à l'aimer.

BLAISE

Si la grammaire grecque a eu pour vous cette vertu singulière, je pense que mon départ n'arrêtera pas votre progrès. Je serai vite remplacé. Il ne manque pas de cuistres tout infectés de grammaire qui sont tout prêts à enseigner. Un autre viendra.

CÉCILE

Ce ne sera pas vous.

BLAISE *la regarde, étonné, ému d'un espoir inavoué.*

Voilà une phrase difficile à interpréter. Oui, évidemment, un autre dont il faudra apprendre les manies et qui, selon l'usage universitaire, refusera toute valeur aux élèves qu'il n'aura pas formés. Voyons, c'est bien cela que vous craignez : un changement de professeur en cours d'année?

CÉCILE

Non, non... Ce n'est pas pour un motif aussi mesquin... Maître, ne croyez pas, je vous jure... (*Un long temps.*) Nous savons bien que vous serez remplacé, mais il est bien triste de vous perdre.

BLAISE, *avec un espoir grandissant.*

Pourquoi? Vous tenez donc un peu à moi?

CÉCILE

Oui, maître... A votre enseignement, qui a eu une si grande influence sur moi... Il me semble qu'un autre professeur...

BLAISE, *durement.*

Professeur! C'est donc à votre professeur que vous parlez? Eh bien, votre professeur, il ne peut pas vous répondre. Il est mort. Je l'ai pendu avec ma robe au porte-manteau de la salle 48.

CÉCILE

Cette décision est-elle irrévocable?

BLAISE

Absolument. (*Il montre un tas de papiers.*) Voilà le

résultat de trente ans de travaux. Mes notes, mes manuscrits, mes cours... J'en suis délivré. Je me retire à la campagne, que je n'aurais jamais dû quitter.

CÉCILE, *elle se lève.*

Eh bien, maître, je vous remercie de tout ce que vous avez fait pour moi, de toutes les paroles que vous m'avez dites depuis que je vous connais et dont aucune n'a été perdue... En mon nom, et au nom de tous mes camarades, je vous souhaite tout ce que vous pouvez désirer.

BLAISE

Je vous remercie. (*Ils sont debout tous les deux. On sent qu'il voudrait parler, mais il ne le peut pas.*) Je ne vous reverrai plus...

CÉCILE

Plus tard, peut-être... Le monde est petit...

BLAISE

Mais la vie est courte. Adieu.

CÉCILE

Adieu, maître.

Elle sort après une hésitation. Blaise demeure immobile. Puis il court à la fenêtre. Puis il semble prêt à suivre Cécile. Le jeune homme surgit, il s'est assis sur le bureau, une jambe pendante.

SCÈNE V

BLAISE, LE JEUNE HOMME

LE JEUNE HOMME, *ironique.*

Et celle-là, tu ne l'aimes pas?

BLAISE

Tais-toi.

LE JEUNE HOMME

Tu l'aimes.

BLAISE

Ce n'est pas vrai. Non, ce n'est pas vrai...

LE JEUNE HOMME, *il sourit.*

Si tu la veux, elle est à toi.

BLAISE

Que dis-tu?

LE JEUNE HOMME, *il sourit.*

Si tu la veux, elle est à toi.

BLAISE

Ne dis pas cela si ce n'est pas vrai!

LE JEUNE HOMME

C'est vrai. Ai-je un intérêt quelconque à te tromper? Je viens t'aider, je viens t'ouvrir les yeux.

BLAISE

Ou me les fermer.

LE JEUNE HOMME

Écoute-moi.

BLAISE

Non. Tu vas mentir.

LE JEUNE HOMME

Pourquoi?

BLAISE

Je te connais. Tu es l'illusion. Tu es celui qui rend les vieillards ridicules et qui, parfois, les traîne dans la boue... Non. Pas moi. Parle-moi, si tu veux, ta voix me plaît, elle remue en moi des souvenirs... Et puis, je suis curieux de connaître tes sophismes. Mais je t'avertis que tu perds ton temps. Je ne marche pas. Je sais que j'ai cinquante-sept ans.

LE JEUNE HOMME

Cinquante-six.

BLAISE

Si tu veux.

LE JEUNE HOMME

Et tu n'en parais pas cinquante.

BLAISE

C'est possible.

LE JEUNE HOMME

Regarde tes mains. Elles sont neuves.

BLAISE

Ne vois-tu pas les rameaux de ces veines?

LE JEUNE HOMME

Mais tu les avais à vingt ans! Tiens, compare!

Ils comparent leurs mains.

BLAISE

Les mains ne changent guère... C'est au visage que le temps nous frappe...

Il va au miroir. Le jeune homme est près de lui.

LE JEUNE HOMME

Tes yeux sont tout pareils aux miens.

BLAISE

Oui, mes yeux sont pareils aux tiens... Mais vois-tu ces trois rides, toutes droites, entre mes sourcils?

LE JEUNE HOMME

Je n'en vois que deux. Et même ces deux n'en font qu'une, à peine visible.

BLAISE

Je le sais bien. Ce ne sont pas de vraies rides, c'est le travail qui les a creusées. Mais cette veine qui serpente sur ma tempe?

LE JEUNE HOMME

Où?

BLAISE

Ici.

LE JEUNE HOMME

C'est vrai. Il me semble que tu ne l'avais pas hier.

BLAISE

Peut-être. J'ai très mal dormi, cette nuit. J'ai même un peu de fièvre.

LE JEUNE HOMME

Donc, si tu avais dormi, on ne verrait pas cette veine.

BLAISE

Qu'importe? Il me resterait toujours ces deux plis au coin de la bouche et ces traits aux ailes du nez...

LE JEUNE HOMME

Ces plis? On les voit aux statues! Ce sont eux qui affirment l'expression d'un visage. Regarde!

Il lui montre le buste qui se dresse dans un coin. Blaise s'approche et examine la face de marbre.

BLAISE

C'est vrai! D'ailleurs, que veux-tu me prouver? Qu'un homme de cinquante ans n'est pas un vieillard? Je le sais. Mais je prétends qu'un homme de cinquante ans qui épouse une jeune fille fait une folie.

LE JEUNE HOMME

D'accord. Oui, ce serait une folie pour tout autre que toi.

BLAISE

Et tu penses que dans mon cas c'est tout différent?

LE JEUNE HOMME

Entièrement différent.

BLAISE

Pourquoi?

LE JEUNE HOMME

Parce que c'est toi!

Un temps.

BLAISE

Explique-toi.

LE JEUNE HOMME

Tu vas me chasser.

BLAISE

Tant que tu me diras des choses raisonnables, je n'aurai aucune raison de te chasser... Allons, donne tes raisons.

LE JEUNE HOMME

Eh bien, toi, tu n'es pas un homme usé, parce que tu as très peu vécu.

BLAISE

Évidemment. Palmer est de mon âge : il a un catarrhe. Malan est perclus de douleurs. Moi, je n'ai rien de tout cela. Puisque je n'ai aucune des infirmités de mon âge, on peut en effet soutenir que je n'ai pas cet âge.

LE JEUNE HOMME

Parce qu'un employé de mairie a inscrit ta naissance à une certaine date, es-tu forcé de te considérer comme un vieillard?

BLAISE

Je n'ai pas l'esprit si étroit.

LE JEUNE HOMME

Si tu étais vieux, tu ne l'aimerais pas.

BLAISE

Pourquoi?

LE JEUNE HOMME

La nature sait bien ce qu'elle fait. Elle n'allume pas la flamme dans un corps épuisé. Celui qui est capable de ressentir la passion, c'est qu'il peut l'inspirer.

BLAISE

Cet argument est fort. Mais pourquoi voit-on tant de vieillards ridicules?

LE JEUNE HOMME

Ils n'aiment pas. Ils n'ont qu'un désir cérébral, une sorte d'ardeur sénile... Est-ce ainsi que tu l'aimes?

BLAISE

Moi? Si tu savais! Je l'aime d'une tendresse profonde, infinie... Je l'aime comme on aime à vingt ans.

LE JEUNE HOMME

Il faut lui parler!

BLAISE

Que répondra-t-elle?

LE JEUNE HOMME

Parle d'abord. Tu verras bien. La plupart des femmes qu'on n'a pas eues, c'est qu'on ne les a pas demandées.

BLAISE

Après tout, je ne risque rien. Si elle dit non, ce sera non, voilà tout! Mais comment la revoir?

LE JEUNE HOMME

Elle va revenir. (*Il montre le sac de Cécile suspendu au dossier de la chaise.*) Elle a oublié son sac... Preuve d'amour.

BLAISE

Il ne t'en faut pas beaucoup pour conclure qu'elle m'aime.

LE JEUNE HOMME

Oui, elle t'aime. Et puis, elle t'admire... Ton malheur t'a grandi à ses yeux... Les femmes aiment les hommes en qui elles trouvent quelque chose à admirer et à plaindre... Elle a surtout pitié de toi.

BLAISE

Pitié? Je ne veux pas de pitié!

LE JEUNE HOMME

Tu as tort. Il faut jouer de cette corde.

BLAISE

Non. Je ne veux pas la devoir à sa pitié.

LE JEUNE HOMME

Qu'importe la façon de gagner une femme! Qu'elles se soient données par le calcul, ou par vice, ou par pitié, elles ont toujours le même visage pâle, et la même bouche mouillée, quand un homme les serre à deux bras...

BLAISE

Jc parlerai...

LE JEUNE HOMME

Commence par lui proposer le mariage... Puis, quand elle aura dit oui, ouvre ton cœur, laisse sortir les mots que tu n'as jamais dits... Enfin, songe surtout aux gestes qu'il faut faire... Prends-la dans tes bras, doucement... En amour, seuls les gestes comptent...

BLAISE

Je parlerai demain.

On sonne.

LE JEUNE HOMME

Non. Tout de suite. Ne tremble pas. La vie recommence pour toi.

BLAISE

Mon cœur bat fort.

LE JEUNE HOMME

Pitié, c'est le grand mot. Pitié!

Il disparaît. Mélanie entre.

MÉLANIE

C'est Mlle Boissier qui a oublié son sac.

BLAISE

Qu'elle entre.

Entre Cécile.

SCÈNE VI

CÉCILE, BLAISE, puis LE JEUNE HOMME

CÉCILE

J'ai oublié mon sac, maître. Je m'excuse de vous déranger encore une fois...

BLAISE

Entrez donc. (*Il garde le sac à la main.*) Asseyez-vous encore quelques minutes... Je suis heureux de cet oubli, qui aura peut-être dans ma vie une importance...

Il hésite, il se tait.

CÉCILE

Vous nous restez?

BLAISE

Peut-être. Avez-vous un fiancé?

CÉCILE, *étonnée.*

Non.

BLAISE

Mais... vous aimez peut-être un jeune homme qui vous aime?

CÉCILE

Je n'ai encore jamais pensé à ces choses.

BLAISE

Jamais?

CÉCILE

Je n'y ai jamais pensé sérieusement.

BLAISE

Mais, parmi vos camarades, il en est sans doute qui ont essayé de vous parler d'amour?

CÉCILE

Je ne les ai pas écoutés. Pour le moment, il faut que je fasse ma situation.

BLAISE

Votre situation... (*Il hoche la tête.*) Elle ne sera pas très brillante, votre situation, mon cher petit... L'enseignement dans un collège... Un travail pénible, un salaire dérisoire... La vie monotone d'une petite ville, jusqu'au jour où l'ennui et la solitude vous jetteront dans les bras du premier venu.

CÉCILE, *doucement.*

Je serai peut-être très heureuse.

BLAISE

Vous êtes pauvre.

CÉCILE

L'argent ne fait pas le bonheur.

BLAISE, *sarcastique.*

Oui, et le travail, c'est la liberté... Ne croyez pas ces mensonges. Ce sont les riches qui les ont fabriqués pour les pauvres.

CÉCILE

Il vaut mieux les croire, puisque je suis pauvre.

BLAISE

Voulez-vous être riche?

CÉCILE

Moi? Comment?

BLAISE

Je suis riche, je suis seul au monde. Voulez-vous porter mon nom?

CÉCILE

Moi?

BLAISE

Oui, vous.

CÉCILE

Maître, je n'espérais pas une telle proposition... de votre part...

BLAISE

Quoi? Vous n'aviez jamais deviné?

CÉCILE

Deviner quoi? Non. Je sentais très bien votre bonté pour moi... Vous étiez mon appui, mon guide... Mais je ne m'attendais pas... à cet honneur...

BLAISE

Je vous étonne, hein? Je n'étais donc pour vous qu'une silhouette en redingote entre la carafe et le verre d'eau? Et vous n'avez jamais pensé que derrière ce personnage falot il y avait un homme, un homme comme les autres, avec ses appétits, ses regrets, ses douleurs, ses désirs? Un homme qui pouvait souffrir, qui pouvait aimer, qui pouvait vous aimer? Je vous offre mon nom, ma fortune, ma vie. Acceptez-vous?

CÉCILE

Comment répondre si vite? Il faut me laisser le temps de réfléchir...

BLAISE

Évidemment, je ne puis vous demander une réponse immédiate. Vous allez donc rentrer chez vous... vous examinerez votre situation, la mienne, et dans deux ou trois jours... (*Le Jeune Homme surgit derrière Cécile. Il fait des signes de dénégation. Blaise change d'attitude.*) Et puis, pourquoi différer? Votre réponse, vous la portez en vous... La réflexion n'y changerait rien. Répondez-moi.

CÉCILE

Je vous l'ai dit tout à l'heure, je n'ai jamais songé à ces choses... J'ai toujours eu en vous une confiance absolue. Porter votre nom, ce serait pour moi un grand honneur... Une grande chance pour une jeune fille pauvre... Mais je crois que je n'ai pas le droit d'accepter.

BLAISE

Vous m'aviez dit que vous étiez libre.

CÉCILE

Oui, je suis libre... Mais vous? Vous êtes peut-être sous le coup d'une déception, votre œuvre chancelle, vous croyez que tout est perdu... En ce moment, vous n'êtes plus vous-même... Si je profitais de cette crise pour m'installer à votre foyer, comment me jugeriez-vous, plus tard? Il vaudrait mieux attendre...

BLAISE

Attendre quoi? Cécile, j'avais toujours senti une sympathie, une affection qui m'étaient chères...

Puisque vous n'êtes pas engagée ailleurs, ne m'abandonnez pas... Vous êtes ma seule chance de bonheur.

CÉCILE

Mais non, maître... Vous recommencerez votre œuvre...

BLAISE

Non, jamais. (*Un temps.*) Vous refusez?

CÉCILE

Il faut que je consulte mon tuteur.

BLAISE

Quelle objection pourrait-il soulever? Allons, dites-moi que vous ne refusez pas. (*Elle se tait.*) Votre décision est prise? Vous refusez? (*Elle se tait.*) Je n'en suis pas surpris. Un vieux raté, — car, c'est cela que je suis, un raté, — un vieux raté ridicule ne peut prétendre à l'amour d'une jeune fille... Vous êtes trop jeune et trop jolie... Vous n'êtes pas la compagne des mauvais jours.

CÉCILE

Les mauvais jours dureront peu.

BLAISE

En effet, ils dureront peu.

CÉCILE, *inquiète.*

Maître...

BLAISE

Que me reste-t-il pour vivre? Rien, rien que le

regret et la honte des années perdues, et je sens en moi l'horrible tremblement de ma jeunesse crucifiée... Allons, pardonnez-moi cette démarche absurde : ce n'était que le geste suprême d'un homme qui se noie. Il faut savoir se résigner, il faut avoir le courage de regarder en face la vie, ou la mort. Adieu, mon cher petit. Je crois que j'ai votre adresse. Je vous écrirai demain.

CÉCILE, *inquiète.*

Ne pouvez-vous me dire maintenant ce que vous désirez m'écrire?

BLAISE

Non.

CÉCILE

Ne pourrai-je revenir vous voir, demain matin?

BLAISE

Il vaut mieux ne pas revenir.

CÉCILE

Maître, qu'allez-vous faire?

BLAISE

De quel droit me le demandez-vous?

CÉCILE

Accordez-moi un ou deux jours... Il est possible que j'accepte. Ou bien, si vous voulez, je viendrai vivre quelque temps auprès de vous, comme une amie dévouée...

BLAISE

Une infirmière. Je ne veux pas de pitié. Après tout, que vous importe ma souffrance ou ma joie? Adieu, mon petit.

CÉCILE

Je ne voudrais pas vous quitter tout de suite.

BLAISE

Il vaut mieux me laisser... J'ai des lettres à écrire... Je suis en train de détruire des papiers...

CÉCILE

Voulez-vous me permettre de vous aider?

BLAISE

Non.

CÉCILE

Alors, laissez-moi dans ce fauteuil, auprès de vous... Dans ce bureau où je suis venue si souvent.

BLAISE, *brusquement.*

Trop souvent! Oui, ce n'est pas la chute de *Phaéton* qui m'abat, c'est vous!

CÉCILE

Moi?

BLAISE

Oui, vous, à cause de la couleur de vos cheveux, à cause de votre voix... Ah! Je luttais contre cette révolte, contre cette passion qui montait... Je m'appuyais sur mon œuvre, sur ma gloire, sur ma foi... Mon œuvre, ce n'était que mon refuge. L'ennemi, c'était vous... Aujourd'hui, mon œuvre s'écroule : je n'ai plus rien qui me défende, je ne sais plus où me cacher... Le désir m'a pris à la gorge ; il me tuera, il me tuera !

CÉCILE

Mais non, maître...

BLAISE

Allez-vous-en puisque vous ne voulez pas guérir le mal que vous avez fait...

CÉCILE

Moi! Je n'ai jamais eu une pensée... Je n'ai jamais pu vous faire croire, par un seul geste...

BLAISE

Vous avez souri, vous avez parlé. Il n'en fallait pas plus...

CÉCILE

Mais je ne savais pas... Je ne pouvais pas savoir...

BLAISE, *il se traîne à ses genoux.*

Cécile, je vous ferai une vie heureuse... Libre de tout souci... Tout ce que vous demanderez, vous l'aurez... Je vous donnerai des bijoux... Des robes... C'est vous qui commanderez... Je vous obéirai, je serai votre esclave... Cécile...

CÉCILE

Relevez-vous...

BLAISE

Non... Dites oui... Voyez comme je souffre, comme j'ai mal... Cécile... Si vous me quittez, je suis un homme perdu... Je me tuerai... Oui, si vous sortez, je me tue... Ici, tout à l'heure, je me tue... Par pitié... Par pitié... Cécile...

CÉCILE, *elle va vers lui, elle le relève.*

Relevez-vous. J'accepte.

BLAISE

Vous acceptez pour toujours?

CÉCILE

Oui. Puisque j'ai fait le mal, je le guérirai.

BLAISE

Merci... Merci... Sauvé, je suis sauvé... Je sais bien que vous ne m'aimez pas encore, mais vous m'aimerez un jour, n'est-ce pas?

CÉCILE

Je l'espère...

BLAISE

J'en suis sûr... Vous verrez comme la vie est belle...

Il lui baise les mains. Elle le laisse faire. Il veut la prendre dans ses bras, elle le repousse doucement.

CÉCILE

Non, je vous en prie. . Laissez-moi...

BLAISE

Permettez-moi de vous donner un baiser... Cécile...

CÉCILE

Non, pas maintenant... Laissez-moi...

BLAISE

Vous avez dit : « Oui... » Un baiser... le premier...

CÉCILE

Non, je ne peux pas.

Elle se détourne.

BLAISE

Puisque vous serez ma femme bientôt... Un baiser... Pour sceller notre promesse...

Il veut baiser sa bouche. Elle se débat, elle le repousse violemment, elle crie.

CÉCILE

Non! Je ne peux pas! Je ne pourrai jamais!

BLAISE, *interdit, les bras ouverts.*

Jamais? (*Elle veut fuir, il lui barre le passage. Elle recule, elle se met à pleurer, elle s'assoit dans le fauteuil.*) Ah! Quels gestes faut-il faire? Quels mots faut-il dire?

Le Jeune Homme surgit, il écarte Blaise doucement.

LE JEUNE HOMME

Pardon... Pardon... Il y a si longtemps que

j'espérais cette minute... Je vous aime depuis tant de mois et d'années... Depuis toujours, du fond de ma jeunesse déserte, je vous attendais... Oui, vous, vous, et pas une autre. Vous seule... Dès notre première rencontre, j'ai reconnu ces cheveux d'or, ces yeux foncés, ces petites mains pâles et douces comme des oiseaux... Cécile... Pardon... Ne pleurez pas... (*Il prend doucement la main de la jeune fille, il y appuie ses lèvres avec ferveur.*) Mais, puisque je vous ai trouvée, je n'aurais plus la force de vous perdre... Parce que vous êtes tout. C'est votre sourire qui donne un sens à ma vie... Les choses que vous n'avez pas vues, elles ne sont pas baptisées... Depuis deux ans, je vous regarde chaque jour, avec une tendresse accrue, et je garde en moi, comme un avare, une foule de petits souvenirs qui font les heures plus précieuses... Je sais tout, je me rappelle tout. Les plus petits détails de votre visage, de votre démarche, de vos robes. Tenez, l'été dernier, vous portiez une robe claire, avec deux grands rubans bleus qui partaient du col, et vous aviez un sac brodé de perles qui se fermait par une coulisse, et qui laissait toujours passer un petit bout de mouchoir bleu... Et cette petite montre sur le ruban de soie... (*Il lui baise le poignet.*) Vos gants de peau grise à boutons d'argent, et l'ombrelle à l'anneau d'ivoire suspendue à votre poignet... Et puis, je sais tous vos petits gestes familiers : votre façon de pencher un peu la tête à droite en baissant les paupières, et surtout votre voix, votre chère voix de source, qui a des notes brisées et d'autres si pures qu'on entend tinter une perle dans une coupe de cristal. Elle est en moi, cette voix... Elle m'a pénétré de sa musique, elle fait vibrer chaque fibre de mon cœur... Qui vous aimera comme je vous aime? Qui vous offrira une tendresse si longuement amassée? (*Il lui tient les deux mains. Il a un genou à terre.*) Je vous aime avec toute ma jeunesse... Tout mon amour, je l'ai gardé pour vous.

Il baise sa nuque, elle ne bouge pas. Puis son visage. Puis sa bouche. La lumière s'éteint brusquement. Quand elle se rallume, elle est blanche et réelle. Le Jeune Homme a disparu. Blaise est assis sur le divan, et la tête de Cécile est sur son épaule. Il la regarde, la joie illumine sa face rajeunie. Et la petite fille, pensive et confiante, respire la grande rose refleurie qu'elle tient à deux mains.

LE RIDEAU DESCEND

ACTE IV

Même décor. Les rayons qui portaient les livres ont disparu. Il y a des fleurs dans les vases.

SCÈNE PREMIÈRE

BLAISE, puis LE JEUNE HOMME

Blaise est seul. Il est beaucoup mieux vêtu, on sent qu'il a voulu être élégant. Il rôde autour du bureau, il touche des gants qui appartiennent à Cécile, il les flaire. Il regarde de temps à autre la porte de la chambre, au premier plan à droite. Soudain, le Jeune Homme surgit.

BLAISE

Toi?

LE JEUNE HOMME

Oui. Tu n'es pas content de me voir?

BLAISE

Si. Mais pourquoi reviens-tu?

LE JEUNE HOMME

Parce que tu as encore besoin de moi.

BLAISE

Crois-tu?

LE JEUNE HOMME

Oui. Où est-elle?

BLAISE

Dans cette chambre. Elle dort...

LE JEUNE HOMME

Où en sommes-nous?

BLAISE

Depuis trois jours, elle habite ici. Je l'ai retenue (*un peu honteux*) par la pitié.

LE JEUNE HOMME

Je sais.

BLAISE

J'ai écrit à son tuteur. Il consent. Nous allons chez lui demain. Départ ce soir.

LE JEUNE HOMME

Es-tu pleinement heureux?

BLAISE

Je suis heureux... Et c'est à toi que je dois tout...

LE JEUNE HOMME

Je sais. As-tu bien dormi cette nuit?

BLAISE

Le bonheur n'est pas de dormir.

LE JEUNE HOMME

As-tu bien dormi cette nuit?

BLAISE

J'ai rêvé qu'on lançait des pierres contre mes volets. Et trois fois, j'ai cru qu'on frappait à ma porte.

LE JEUNE HOMME

C'était moi.

BLAISE

Que voulais-tu?

LE JEUNE HOMME

La bien-aimée vit auprès de toi, et tu ne tentes rien pour la prendre?

BLAISE

Quoi? Tu voudrais?

LE JEUNE HOMME, *à voix basse, mais avec force.*

Il faut la prendre.

BLAISE

Cette fois, tu te trompes. Il faut attendre l'heure où elle se donnera.

LE JEUNE HOMME

Tu as peur. Tu recules. Et pourtant, le désir te ronge!

BLAISE

Ce n'est pas vrai. Je ne sais pas ce que tu appelles le désir.

LE JEUNE HOMME

Ah! Tu ne sais pas! Le désir, c'est ce qui brille dans tes yeux quand tu regardes cette porte. Cette nuit, tu n'as pas senti ce parfum chaud dans la maison? Cette tiédeur de ses robes tombées, et cette odeur de ses cheveux dans l'ombre?

BLAISE

Tais-toi.

LE JEUNE HOMME

Hier au soir, elle t'a regardé si longuement, avec une tendresse enfantine... Tu as pressé sa main d'un long baiser... Elle y pensait en se couchant... Elle ne lutterait pas longtemps... (*Blaise regarde la porte fixement. Son visage prend peu à peu une expression de désir brutal.*) Elle est derrière cette porte... elle sommeille, sa bouche entrouverte laisse voir les dents... Regarde... les cheveux épars sur l'oreiller, et ce bras nu qui pend hors du lit... Vois le sein pâle et ce réseau de fines veines bleues... Ouvre la porte... ouvre... Tu verras les claires épaules, tu toucheras les hanches rondes... Elle est à toi! Tourne le bouton de cuivre! (*Peu à peu, Blaise s'est rapproché, ses yeux brillent, sa lèvre tremble. Il étend la main vers le bouton de la porte qui brille d'une étrange lueur et qui est devenu le centre de la scène.*) Tourne... Comme ça... Tourne...

Soudain, Blaise se rejette en arrière brusquement.

BLAISE

Il ne faut pas, non! non! Il vaut mieux attendre! (*D'un ton suppliant.*) Puisqu'elle sera ma femme!

LE JEUNE HOMME

En es-tu sûr?

BLAISE

Pourquoi veux-tu me pousser à commettre une vilenie? Je crois qu'elle m'aime, qu'elle commence à m'aimer... Écoute, laisse-moi t'expliquer...

LE JEUNE HOMME

Allons, explique, commente, analyse! Pauvre homme! Tu n'as pas renoncé aux femmes par amour du grec, tu as aimé le grec par peur des femmes!

BLAISE

Mais non, mais non. Tu n'y entends rien. Si je t'écoutais, tout serait perdu. Maintenant, je suis sûr qu'elle est à moi. Ne te montre plus, maintenant. Laisse-moi faire.

LE JEUNE HOMME

N'oublie pas que tu joues ta dernière chance.

BLAISE

Je sais, je sais...

SCÈNE II

MÉLANIE, BLAISE

Entre Mélanie.

MÉLANIE

Ça ne dérange pas, Monsieur, que je donne un coup pour la poussière?

BLAISE

Faites, Mélanie. Donnez le coup. (*Elle commence à frotter les fauteuils avec un chiffon. Blaise la regarde, les mains dans les poches, l'air guilleret.*) Mademoiselle ne vous a pas encore appelée?

MÉLANIE

Si. Je lui ai porté son café il y a une heure, mais ensuite je crois qu'elle s'est rendormie.

BLAISE

Et comment a-t-elle bu son café? Machinalement, ou avec plaisir?

MÉLANIE

Elle l'a bu... comme une personne qui boit son café.

BLAISE

Allons, c'est bien. Vous ne comprenez pas. Pauvre Mélanie! Vous n'avez jamais aimé, hein?

MÉLANIE

Si, j'ai aimé. Quand j'avais vingt ans.

BLAISE

On peut avoir vingt ans à tout âge.

MÉLANIE

Moi, je les ai eus qu'une fois.

BLAISE

Mais si vous ne les aviez pas eus, vous les auriez peut-être maintenant.

MÉLANIE

Dieu m'en préserve!

BLAISE

Pourquoi?

MÉLANIE

Parce que quand on a manqué le train, ça ne sert à rien de courir après. D'ailleurs, je n'ai pas de conseils à vous donner. C'est bien votre affaire.

BLAISE

Eh! oui, c'est mon affaire.

MÉLANIE

Mais je ne puis pas empêcher les gens de parler.

BLAISE

Quelles gens?

MÉLANIE

Le quartier.

BLAISE

Et que dit le quartier?

MÉLANIE

Il dit que ce n'est guère convenable qu'une jeune fille vienne habiter chez un vieux monsieur.

BLAISE

Un vieux monsieur? Où avez-vous vu un vieux monsieur?

MÉLANIE

Je vous répète ce que la fruitière vient de me dire. Moi, ça m'est égal. Chacun fait ses folies, et ça ne regarde personne. Ma pauvre sœur avait la passion de renifler le pétrole. Moi, je ne l'ai jamais empêchée. Mais, enfin, il y a une chose : cette demoiselle est ici depuis huit jours, et elle n'est pas mariée avec vous.

BLAISE

On sait que nous allons nous marier.

MÉLANIE

Oui, oui, mais les bans ne sont pas publiés, et, en attendant, elle pourrait aller habiter ailleurs.

BLAISE

Vous savez bien dans quelles conditions elle est ici. Elle est ma fiancée, rien de plus.

MÉLANIE

C'est le plus bête, parce que le monde n'en dit ni plus ni moins.

BLAISE

Laissez parler les gens.

MÉLANIE, *scandalisée.*

Ah! pour sûr!... D'ailleurs, moi, ce que j'en dis, ce n'est que pour parler!...

On sonne. Elle sort. Le Doyen entre en coup de vent.

SCÈNE III

LE DOYEN, BLAISE

LE DOYEN, *un journal à la main.*

Bonjour, mon cher collègue.

Il regarde tout autour de lui avec une curiosité aiguë, et il scrute la face de Blaise.

BLAISE

Bonjour, monsieur. Vous seriez bien aimable de ne pas m'appeler votre cher collègue.

LE DOYEN

D'autant plus que votre démission est acceptée. C'est la nouvelle que je vous apporte.

BLAISE

Vous êtes bien aimable de vous déranger pour si peu de chose.

LE DOYEN

Ma visite a, d'autre part, un autre objet. (*Il s'assoit. Blaise reste debout.*) Écoutez ceci. (*Il déplie le journal, met ses lunettes et s'aide d'une loupe. Au moment de commencer sa lecture, il s'interrompt pour faire une remarque. Ce manège sera répété plusieurs fois.*) Ce journal a été mis en vente avant-hier, mais on ne me l'a montré qu'aujourd'hui. Il s'intitule : *Le Réveil.* C'est un hebdomadaire qui paraît le samedi. (*Il va lire, mais brusquement il s'interrompt pour consulter la manchette.*) Oui, le samedi.

BLAISE

Allons, au fait, cher monsieur, au fait!

LE DOYEN

Ne prenez pas cet air hostile. Voyons, c'est à la deuxième page. Ah! voici : écoutez ceci. (*Il lit.*) *A la Faculté des lettres. Nos lecteurs n'ont pas encore oublié la réjouissante aventure de Phaéton.* Réjouissante! ce qualificatif vous montre dans quel esprit on a rédigé cet article! Réjouissante! C'est une opinion, évidemment. *Un sieur Blaise, paré du titre de professeur, attribua au divin Platon l'œuvre dérisoire d'un copiste. Ignorance? Fourberie? On n'oserait se prononcer. Mais un fait nouveau vient d'éclairer la mentalité du personnage.* (*Il s'interrompt.*) Les lignes qui suivent sont imprimées en caractères italiques. *Le sieur Blaise vit actuellement en état de concubinage avec une de ses élèves qui habite depuis huit jours dans sa maison.* (*Avec force.*) *Les pouvoirs publics vont-ils tolérer ce scandale?* (*Il retrousse ses lunettes.*) Cette phrase est en majuscules.

BLAISE

Je m'en f...!

LE DOYEN, *il tressaille.*

Ah? Très bien. Mais écoutez la suite. *Nous posons maintenant une question : « A quel moment ces rapports criminels ont-ils commencé? N'est-ce point à la Faculté, et sous l'œil complaisant du Doyen, que ce commerce coupable a pris naissance? »* (Blaise hausse les épaules.) *Nous répondrons hardiment oui. Et il nous est permis de nous demander si ces pratiques honteuses ne sont pas choses courantes entre les murs de l'antre universitaire. Déjà l'on chuchote des noms, et l'on nous promet mainte histoire à faire frémir les honnêtes gens. Nous tiendrons nos lecteurs au courant.*

BLAISE

Eh bien?

LE DOYEN

Vous avez entendu?

BLAISE

Cet article est fort mal écrit.

LE DOYEN

Sans doute. Mais le grimaud qui le fabriqua ne

manque point de malice. Voilà qui nous fait le plus grand tort auprès des familles.

BLAISE

Je me moque de ce journal, de la Faculté et des familles. Et d'ailleurs, cette méchante feuille de chantage n'a pas cinquante lecteurs.

LE DOYEN

La ville entière a lu cet article, et les gens non avertis vont croire que notre Faculté est une Babylone. Ce matin, mon coiffeur m'a montré ce papier. Pendant qu'il me rasait, il clignait de l'œil vers ses garçons. Et il m'a longuement examiné le crâne, comme s'il y cherchait la bosse érotique, positivement.

BLAISE, *il rit.*

Mais il ne l'a pas trouvée.

LE DOYEN

Dorénavant, ma femme prétend m'accompagner à la Faculté... Vous riez, vous riez... C'est un abominable scandale!

BLAISE

Oui, un scandale, parce que, dans la maison des morts, l'un d'entre eux s'est levé et s'est mis à vivre. Allons, pauvre homme, que voulez-vous de moi?

LE DOYEN

Allez-vous-en. La Faculté vous aidera à payer vos frais.

BLAISE

Je pars ce soir demander la main de Cécile à son tuteur. Dans deux semaines, je l'épouse et je rentre dans la petite ville où je suis né.

LE DOYEN

Ah? Très bien. Je pourrai donc répondre doublement. D'abord, cette jeune fille est officiellement votre fiancée. D'autre part, vous n'appartenez plus à la Faculté. Bien. Maintenant, le Doyen est satisfait. Causons en amis...

BLAISE

Je ne suis pas votre ami. Le vrai motif de votre visite, je le connais. Vous voulez savoir, vous voulez voir de près. Eh bien, regardez. Oui, c'est un roman d'amour. J'aime une jeune fille, elle m'aime, et nous allons vivre loin des livres et des écoles. Je suis riche, notre amour ne manquera de rien. Voilà. C'est tout simple, et vous voyez un homme parfaitement heureux. Savez-vous pourquoi je vous fais cette confidence? C'est parce que je sais que vous êtes jaloux!

LE DOYEN

Moi?

BLAISE

Oui. Vous êtes un méchant homme, et le bonheur des autres vous fait souffrir. C'est pourquoi j'étale le mien devant vous.

LE DOYEN

Je vous remercie pour l'intention. Mais ce n'est pas moi que vous voulez convaincre de votre bonheur. C'est vous-même.

BLAISE

Ah! le vilain sourire jaune! Vous essayez de me faire douter! Allons, cherchez une flèche empoisonnée à me décocher avant de partir. Pourquoi ne me parlez-vous pas de mon âge?

LE DOYEN

Je ne suis pas si cruel!

BLAISE

Allons, dites-moi que Bartholo est ridicule, qu'Arnolphe est toujours malheureux et qu'un vieux mari ne vaut rien pour une jeune femme.

LE DOYEN

Si je vous le disais, que répondriez-vous?

BLAISE

Je vous répondrais que je m'en f..., que je suis heureux et que j'ai vingt ans.

LE DOYEN

Vingt ans! C'est le bel âge. Eh bien, au revoir, mon cher collègue. Et mes respects à votre jeune femme... (*Il sort en riant doucement. Sur la porte, il répète :*) Vingt ans!

Il éclate de rire et disparaît. Blaise sonne. Mélanie surgit.

SCÈNE IV

MÉLANIE, BLAISE

MÉLANIE

Monsieur?

BLAISE

Nous déjeunons à onze heures et demie. Nous partons au train de une heure vingt.

MÉLANIE

Si vous me l'aviez dit hier au soir...

BLAISE

Nos plans sont changés. Vous allez rester trois semaines ici. Vous ferez tout préparer pour un déménagement, et vous attendrez mes ordres. Il est probable que, vers la fin du mois, je vous écrirai de venir nous rejoindre dans ma maison de Tarbes.

MÉLANIE

Nous allons habiter là-bas?

BLAISE

Oui. Est-ce que cela vous déplaît?

MÉLANIE

Oh! moi, je n'ai rien à dire. D'ailleurs, d'ici là, ça peut encore changer.

BLAISE

Non. Nous serons là-bas à la fin du mois.

MÉLANIE

Nous y serons, mais ça n'est pas sûr que nous y restions.

BLAISE

Pourquoi?

MÉLANIE

Et si « Madame » ne s'y plaît pas?

BLAISE

Nous le verrons bien.

MÉLANIE

C'est ce que je dis. Nous le verrons bien.

BLAISE

Pourquoi ne s'y plairait-elle pas?

MÉLANIE

Parce que ce n'est pas un endroit pour son âge.

BLAISE

Vous savez bien qu'elle est beaucoup plus sérieuse que les jeunes filles de son âge.

MÉLANIE

Mais tout de même pas autant que les jeunes gens du vôtre.

BLAISE

Que dites-vous?

Il est pâle, ses mains tremblent. Il la regarde un moment, puis il lui tourne le dos.

MÉLANIE

Je dis que vous me faites peine. Un homme intelligent comme vous, ça n'est pas possible de vous voir comme ça. (*Elle imite la voix de Blaise parlant à Cécile.*) « Mon petit, vous n'avez pas froid? Hier, vous avez toussé deux fois, il faudra voir le médecin... » Si vous la menez au médecin, profitez de l'occasion pour lui faire voir votre catarrhe!

BLAISE

Je vous donne huit jours pour quitter cette maison.

MÉLANIE

Et moi, je ne vous donne pas six mois pour vous pendre!

Elle sort.

BLAISE

Vieille folle!

La porte du fond s'ouvre et Cécile apparaît.

Scène V

BLAISE, CÉCILE

BLAISE

Bonjour, amie... Avez-vous bien dormi?

CÉCILE

Fort bien, malgré les moineaux, qui m'ont réveillée un moment vers l'aube... Qui était avec vous, tout à l'heure? J'entendais une voix d'homme.

BLAISE

Le Doyen, qui venait nous espionner sous des prétextes divers. Dites-moi, Cécile, je voudrais vous proposer une modification au programme.

CÉCILE

Dites.

BLAISE

Je crois qu'il vaudrait mieux partir au train de une heure vingt.

CÉCILE

Mais alors, nous arriverons dans la nuit?

BLAISE

Pas du tout. Nous couperons le voyage par un arrêt... Nous ferons une promenade dans la campagne, puis nous dînerons et nous coucherons à l'auberge. Nous repartirons le lendemain matin par l'express.

CÉCILE

Vous y tenez?

BLAISE

Oui, beaucoup.

CÉCILE

C'est entendu.

BLAISE

Je vais télégraphier à votre tuteur.

CÉCILE

Attendez. Moi aussi, j'ai quelque chose à vous demander. Une autre modification au programme mais beaucoup plus grave que la vôtre.

BLAISE

Eh bien, parlez.

CÉCILE

J'ai beaucoup réfléchi et il me semble qu'il vaudrait mieux nous marier ici... C'est ici que vous m'avez connue... Et puis, on sait que j'habite chez vous depuis quelques jours... Un mariage fait taire les gens.

BLAISE

Ce désir est assez légitime. Mais ne craignez-vous pas une affluence de curieux malveillants?

CÉCILE

Pourquoi seraient-ils malveillants?

BLAISE

A cause de l'affaire *Phaéton.*

CÉCILE

Je ne vois aucun rapport... En tout cas, il y aurait

là quelques-uns de nos amis... De vos élèves, qui ont gardé pour vous beaucoup de sympathie et d'admiration... Stépanovitch, par exemple.

BLAISE

Vous avez eu de ses nouvelles?

CÉCILE

Non, je ne l'ai pas vu depuis la Faculté. Mais je vais lui écrire pour lui demander d'être mon témoin.

BLAISE

Il me semble que cet honneur revient à votre tuteur.

CÉCILE

Mon tuteur ne se dérangera pas pour si peu. Et puis, comme je n'ai pas de parents, je serais contente de voir Bogomir ce jour-là. Il a une bonne figure.

BLAISE

Oui, il a une bonne figure. Une laideur sympathique.

CÉCILE

Il est si bon, si courageux...

BLAISE

Que savez-vous de son courage?

CÉCILE

On ne vous a pas raconté ce qu'il a fait pendant la retraite de Serbie?

BLAISE

Non, je ne l'ai jamais examiné au point de vue militaire.

CÉCILE

Il était avec un camarade dans les montagnes de Koumanovo. Ils étaient seuls, les loups les guettaient. Ils n'avaient plus rien à manger, et ils ne pouvaient pas s'approcher des villages, qui étaient occupés par les Bulgares. Soudain, son camarade se couche dans la neige et lui dit : « Laisse-moi ici. Je ne puis plus marcher. Mais donne-moi ton revolver à cause des loups. » Bogomir lui dit : « Nous sommes ensemble, il faut échapper ensemble ou mourir ensemble. » Il l'a pris dans ses bras et il l'a porté comme un enfant. Dans la nuit, le blessé a eu la fièvre, il se débattait, il le frappait à la figure... Les loups les suivaient, de loin... Enfin, à force d'énergie, Bogomir a pu atteindre les lignes serbes. Vous ne trouvez pas que c'est beau?

BLAISE

C'est très beau. Il est bien dommage que cet héroïsme n'ait eu pour témoin que la neige, le vent et les loups. Qui vous a raconté cette histoire?

CÉCILE

Bogdanovitch.

BLAISE

Qu'en sait-il?

CÉCILE

Le blessé, c'était lui.

BLAISE

Ah!... Je comprends maintenant pourquoi Bogdanovitch prêtait ses thèmes grecs à Stépanovitch. Allons! Je vous demande pardon d'interrompre ce panégyrique... Il faut que j'aille télégraphier chez vous. Faites vos préparatifs. Je serai de retour dans une demi-heure.

Il lui baise la main.

SCÈNE VI

CÉCILE, MÉLANIE

Cécile va au petit bureau. Elle prend du papier à lettres et se met à écrire. On sonne. Elle lève la tête, elle écoute. Mélanie entre.

MÉLANIE

C'est M. le Serbe.

CÉCILE

Stépanovitch? Faites entrer.

Mélanie sort. Entre Stépanovitch, les traits tirés, les yeux brillants de fièvre.

SCÈNE VII

STÉPANOVITCH, CÉCILE, puis BLAISE

STÉPANOVITCH

Bonsoir, mademoiselle.

CÉCILE

Bonsoir? Bonjour! Bonjour, Stépa, comment allez-vous?

STÉPANOVITCH

Je demande mille fois pardon de vous déranger et de dire bonsoir pour bonjour. Il est, en effet, au commencement de la journée. Il faut que je rende à monsieur le professeur un travail qu'il m'a donné. J'ai fait quelques pages, (*Il fouille dans sa serviette et en retire des papiers.*) mais je ne puis continuer.

CÉCILE

Pourquoi donc? Asseyez-vous d'abord.

STÉPANOVITCH, *il hésite, puis il s'assoit au bord d'une chaise.*

Il m'est tout à fait impossible. Et puis, c'est un ouvrage de grec. Vous savez comme il pense maintenant, du grec et de tout le travail de l'esprit. Il nous a dit qu'il fallait planter des pommes de terre. Aussi, je ne crois pas qu'il ait le désir que ce travail soit terminé. Voici l'argent qu'il a payé d'avance : trois cents francs.

Il dépose les billets sur la table.

CÉCILE

Monsieur Blaise vient de sortir, mais il rentrera tout à l'heure. Nous allons l'attendre en bavardant. Car j'ai beaucoup de choses à vous dire... Vous savez que je me marie?

STÉPANOVITCH

Je sais.

CÉCILE

Eh bien, j'étais en train de vous écrire pour vous demander un petit service... Oui, je vous priais d'être mon témoin.

STÉPANOVITCH

Moi?

CÉCILE

Oui. Vous voulez bien, n'est-ce pas?

STÉPANOVITCH

Je vous remercie que vous ayez pensé à moi. Mais je regrette de ne pouvoir accepter l'honneur et le plaisir. Je pars demain pour la Serbie.

CÉCILE

Vous partez demain? Mais votre examen?

STÉPANOVITCH

Je ne puis pas être reçu à mon examen. Je ne puis travailler. Je préfère rentrer à Valiévo que de rester ici pour rien.

CÉCILE

Voyons, Stépa, il faut me répondre en ami : est-ce la conférence de monsieur Blaise qui vous a dégoûté de vos études?

STÉPANOVITCH

Oh! non, il n'a pas dégoûté personne.

CÉCILE

En somme, quand vous aurez le titre de licencié, vous obtiendrez en Serbie un gros avancement. C'est vous-même qui me l'avez dit.

STÉPANOVITCH

A quoi sert l'avancement, maintenant? Non, il n'est pas possible. Et puis, le mal du pays.

CÉCILE

Allons, Stépa, ce n'est pas sérieux.

STÉPANOVITCH

Oh! si! C'est très sérieux. Adieu.

Il se lève.

CÉCILE, *le retenant.*

Nous sommes d'assez bons camarades pour que je puisse me permettre...

STÉPANOVITCH

Vous pouvez vous permettre tout.

CÉCILE

Eh bien, je crois que vous comptiez sur l'argent de ce travail. Vous pensez que cet ouvrage n'intéresse plus M. Blaise, vous rapportez l'ouvrage, vous rendez l'argent... et... cet argent vous manque.

STÉPANOVITCH

Non, mademoiselle, ce n'est pas cela.

CÉCILE

Stépa, vous savez que je ne suis pas très pauvre et que je puis vous prêter quelques centaines de francs jusqu'à l'année prochaine... Vous acceptez, n'est-ce pas?...

Elle va ouvrir un tiroir

STÉPANOVITCH

Voyez. (*Il ouvre son portefeuille.*) Hier, j'ai touché un rappel de ma pension de blessé militaire. Voyez, mille six cents francs. Je suis riche...

Il sourit doucement et tristement.

CÉCILE

Mais alors, pourquoi partez-vous?

STÉPANOVITCH

Des affaires... et puis, le mal du pays... la nostalgie... (*Il se lève.*) Mademoiselle, je crois qu'il n'est pas possible d'attendre M. le professeur?...

CÉCILE, *elle se décide brusquement.*

Stépa, vous êtes gêné parce que vous ne pensiez pas me trouver ici.

STÉPANOVITCH

Si, je pensais. Je suis allé plusieurs fois chez vous cette semaine et la dame de la pension de famille m'a dit le renseignement. Et puis, hier, je vous ai vue dans le jardin avec M. le professeur...

CÉCILE

Je tiens à vous dire — à vous seulement, parce que l'opinion des autres, je m'en moque — qu'il n'y a encore, entre nous, que des projets.

STÉPANOVITCH

Bien sûr! Et puis, cela ne me regarde pas.

CÉCILE

A cause de notre camaraderie, je croyais que vous vous demandiez...

STÉPANOVITCH

Je ne me demande rien, mademoiselle. J'ai appris avec une grande surprise, naturellement... Je ne savais pas, quand nous venions bavarder ici avec notre professeur, que vous lui diriez un jour un nom plus familier.

CÉCILE

Je ne le savais pas non plus.

STÉPANOVITCH

Il y a pourtant deux ans que vous le connaissez?

CÉCILE

Stépa, vous croyez une chose qui ne me plaît pas.

STÉPANOVITCH

Et qui ne me plaît pas non plus. Mais quoi! Dans la vie, il n'y a pas que du plaisant.

CÉCILE

Je vous jure qu'il n'y avait rien de secret entre lui et moi avant sa conférence... Je suis venue le voir le soir, il était très abattu... Il m'a raconté sa vie malheureuse, sa solitude. Il était si misérable, si abandonné... Il m'a montré qu'il avait passé toute sa vie dans une prison. Il m'a demandé de l'aider à ouvrir la porte, voilà tout...

STÉPANOVITCH

Une nuit de Noël, à la cathédrale de Belgrade, en ouvrant la porte, ils ont écrasé un pauvre qui dormait. On ne savait pas qu'il était là. Il a crié trop tard. Il ne sert à rien de crier trop tard. Ce n'est que du bruit. Allons, adieu, mademoiselle Cécile.

CÉCILE

Je ne vous verrai plus?

STÉPANOVITCH

C'est tout à fait impossible. Je suis déjà en retard. Maintenant, je me permets de vous dire, en camarade, naturellement, aussi simplement que vous m'offriez de l'argent tout à l'heure, que la vie, n'est-ce pas, ce n'est pas toujours du bonheur. Il y a des moments où l'on est très heureux et tout plein d'espoir et de courage. Et puis d'autres moments, le courage est parti et l'espoir devient tout noir. Si par hasard l'avenir vous frappe de quelque malheur, — que Dieu vous en préserve! — il faudra écrire tout de suite à Bogomir Stépanovitch, professeur au collège de Valiévo (Serbie). Affranchir à un franc cinquante centimes. Vous y trouverez toujours un ami.

Il va sortir. Cécile le retient.

CÉCILE

Attendez! Écoutez-moi. C'est absurde, Bogomir. On ne s'en va pas comme ça si vite pour toujours! Je veux vous demander conseil, à vous, parce que vous êtes mon ami.

STÉPANOVITCH

Mademoiselle Cécile, vous avez un autre ami qui va venir. Si je reste, je serai le troisième et je dirai quoi?

CÉCILE

Oui, c'est vrai. Eh bien, allez-vous-en, puisqu'il le faut. Partez. Adieu.

STÉPANOVITCH

Adieu.

Il lui serre la main en s'inclinant très respectueusement. Il la regarde un instant. Il va sortir. Elle se jette vers lui dans un grand élan.

CÉCILE

Stépa!

Stépanovitch la regarde, surpris. Elle détourne son visage.

STÉPANOVITCH

Qu'y a-t-il?

CÉCILE

Si vous partez maintenant, vous me laissez toute seule.

STÉPANOVITCH

Mais lui? Il est quelqu'un.

CÉCILE

Toute seule.

STÉPANOVITCH

Vous ne l'aimez pas? Vous regrettez déjà?

CÉCILE

Non, je ne regrette pas, je ne puis rien regretter. Je vais tout vous dire. Asseyez-vous, Stépa. Je ne suis pas une femme comme les autres. J'ai vingt-trois ans, je n'ai jamais aimé d'amour... je ne puis pas. C'est peut-être à cause de la vie que j'ai eue : depuis que je suis née, on ne m'a pas embrassée dix fois... C'est peut-être pour cela qu'il y a en moi quelque chose de rabougri, d'atrophié... Ce n'est pas ma faute!

STÉPANOVITCH, *stupéfait.*

Cécile, petite amie, que dites-vous?

CÉCILE

L'amour, je sais bien ce que c'est. J'ai entendu parler mes compagnes, au collège. Moi, je n'ai jamais compris les sentiments de ce genre, les sentiments qui conduisent à des gestes horribles... Non, non, je ne pourrai jamais aimer...

STÉPANOVITCH

Mais vous êtes une petite fille, qui parle de choses dont elle ne sait pas un mot! Et lui, pourquoi l'épousez-vous?

CÉCILE

Je l'ai vu si malheureux, si seul... Alors, comme j'ai renoncé à la passion, j'ai résolu de faire au moins une œuvre de pitié. J'accepte de vivre avec lui comme j'accepterais de soigner un malade. Fallait-il vivre éternellement seule, être une pauvre vieille fille dépareillée? Il est bon, il est vieux, il m'aime comme un père...

STÉPANOVITCH

Allons donc!

CÉCILE

Je vous le jure. Comme un père. C'est pour m'en assurer avant qu'il soit trop tard que je suis venue habiter ici.

STÉPANOVITCH

Il vous a promis?

CÉCILE

Non, mais je le vois bien. Il est très bon, très respectueux... Je sais que je ne serai pas malheureuse. Mais, en ce moment-ci, au moment de prendre l'engagement décisif, je serais heureuse de savoir que j'ai un ami près de moi, que je le verrai de temps en temps... Et vous voulez m'abandonner.

STÉPANOVITCH, *il crie.*

Mais vous êtes une enfant, plus innocente et plus pure qu'il y a dans le monde entier! Peut-être vais-je faire comme le pauvre qui crie trop tard...

CÉCILE

Non, taisez-vous.

STÉPANOVITCH

Moi, je vous aime!

CÉCILE

Oh! non! Pas vous! Surtout pas vous!

STÉPANOVITCH

Pourquoi?

CÉCILE

Parce que je ne vous aime pas comme vous croyez. J'ai trop d'estime, trop d'amitié pour vous. Et puis, il est trop tard.

STÉPANOVITCH

Alors, je m'en vais. Adieu pour toujours.

CÉCILE

Adieu.

STÉPANOVITCH

Pour toujours. (*Il feint de sortir. Elle pleure, elle se précipite. Il revient vers elle, il la prend dans ses bras.*) Vous ne voulez pas vivre avec moi, toujours appuyée sur moi? Je serai votre grand ami, et tout le mal qui peut vous arriver, je le prends pour moi. Allons, ne pleurez pas...

Il relève doucement son visage et lui donne un baiser avec une sorte de brutalité tendre. Elle détourne la tête, honteuse et troublée. Il fait un pas en arrière, il la regarde et a un grand éclat de rire joyeux.

CÉCILE

J'ai donné ma parole, j'ai promis...

STÉPANOVITCH

La parole est sacrée, mais il la rendra...

CÉCILE

Mon Dieu! Le voici qui revient...

Entre Blaise. Il regarde Stépanovitch d'un air soupçonneux.

BLAISE

Bonjour, Stépanovitch.

STÉPANOVITCH

Bonjour, monsieur le professeur. J'étais venu vous rapporter ce travail. Je ne crois pas qu'il vous soit utile désormais. (*Il montre l'argent sur la table.*) Et voici l'argent de votre bonté.

BLAISE, *froid.*

Il est à votre disposition.

STÉPANOVITCH

Je vous remercie, monsieur le professeur, mais je

n'en ai pas besoin. Je voudrais obtenir l'honneur d'une conversation particulière.

BLAISE

Vous pouvez parler devant Cécile qui va être ma femme.

STÉPANOVITCH

Je voudrais tout à fait particulière.

Cécile hésite, puis elle fait un mouvement pour sortir. Comme elle est sur la porte, Blaise la rappelle.

BLAISE

Cécile, demeurez, je vous prie.

Elle s'arrête, elle hésite encore, puis, brusquement, elle s'enfuit. Blaise paraît surpris et inquiet.

SCÈNE VIII

BLAISE, STÉPANOVITCH

BLAISE, *agressif.*

Qu'y a-t-il donc?

STÉPANOVITCH

Mon maître, je tiens à vous dire d'abord que j'ai pour vous une très forte reconnaissance. Quand je n'avais pas d'argent, vous m'en avez prêté avec une grande délicatesse et si bien que je croyais vous rendre un grand service. Je vous remercie humblement et de tout mon cœur.

BLAISE

Est-ce pour chanter ma louange que vous avez fait sortir Cécile?

STÉPANOVITCH

Je vous dis tout cela pour vous montrer que votre bonheur m'est très cher, et que pour vous rendre heureux je ferais tout ce qu'il est possible au monde.

BLAISE

Je vous remercie et je regrette de n'avoir pas besoin de vous pour être heureux.

STÉPANOVITCH

Tout le possible. Mais il y a des choses qui n'est pas possible. Mlle Cécile ne peut pas être votre femme.

BLAISE

Sortez.

STÉPANOVITCH

Non, mon maître, je vous dis sans méchanceté : elle ne vous aime pas. (*Blaise marche vers lui, menaçant. Stépanovitch reste calme.*) Mon maître, je vous en supplie, laissez-moi parler. Si je me trompe, une parole ne peut faire du mal, ce n'est que du vent. Laissez-moi dire : c'est une enfant, une petite enfant qui ne sait pas. Si elle pouvait comprendre cela, elle n'accepterait pas. Vous, vous comprenez, vous êtes un homme bon et juste... Il ne faut pas vous laisser entraîner par le feu du sang... Ne faites pas ce malheur...

BLAISE

Ah! ce n'est pas elle que vous défendez ici! C'est vous! Vous l'aimez, hein? Vous êtes jaloux!

STÉPANOVITCH

Jaloux? Elle vous aime comme un père, et elle ne peut pas vous aimer autrement! Pardon, maître, il faut dire une chose cruelle : vous êtes vieux! Pardon, maître, vous êtes si vieux!... Peut-être vous ne le voyez pas, mais tout homme ouvre les yeux et voit.

BLAISE

Hors d'ici, misérable! Hors d'ici!

Il veut le saisir à la gorge. Stépanovitch lui prend les poignets.

STÉPANOVITCH, *très calme.*

A quoi sert la colère, si vous êtes sûr, à quoi sert les cris? (*Il lui montre ses mains.*) Voyez ces veines sur vos mains... Voyez ces plis entre vos yeux, et cette veine sur la tempe... Maître, ces choses sont cruelles, mais elles sont... (*Il le traîne devant le miroir.*) Regardez.

BLAISE, *il détourne la tête.*

Lâche! Lâche!

STÉPANOVITCH

Vous voyez : les miroirs ne sont plus vos amis...

BLAISE, *il se ressaisit soudain.*

Allons, allons, ce n'est qu'une absurde scène de jalousie. Je vous pardonne, parce que je vois que vous souffrez. Elle est venue vers moi, c'est moi qui l'ai formée, c'est moi qui...

STÉPANOVITCH

Mais l'amour n'est pas seulement esprit!

BLAISE, *doucement.*

Allez-vous-en, Bogomir.

STÉPANOVITCH

Non. Je sais qu'elle m'aime, moi!

BLAISE

Qui te l'a dit? Il y a quelque chose entre vous?

STÉPANOVITCH

Non. Mais je sais.

BLAISE

Bien. Si vous ne sortez pas... je fais appeler la police.

STÉPANOVITCH

Peut-être la police me fera sortir, mais je resterai dans la rue. Toujours je serai là pour la regarder passer, et dans un seul regard je dirai plus d'amour que toutes vos paroles... Maître, soyez honnête, soyez juste. Laissez-la choisir.

BLAISE

Son choix est fait.

STÉPANOVITCH

Non! Elle ne savait pas! Maintenant, si elle dit : « Allez-vous-en », je m'en vais sans même regarder par-dessus l'épaule. Je vous promets. Si elle dit : « Allez-vous-en! »

BLAISE, *brusquement.*

Elle va vous le dire. (*Il appelle.*) Cécile!

Entre Cécile. Elle n'ose pas les regarder.

SCÈNE IX

STÉPANOVITCH, BLAISE, CÉCILE

STÉPANOVITCH

Mademoiselle, on va vous poser une question... Il faut répondre en pensant à votre bonheur, sans voir le chagrin des autres...

BLAISE

Taisez-vous. (*A Cécile.*) Vous ai-je forcée à venir ici?

CÉCILE

Non.

BLAISE

Êtes-vous ma prisonnière?

CÉCILE

Non.

BLAISE, *à Stépanovitch.*

Cela suffit, n'est-ce pas?

STÉPANOVITCH

Non. Rendez sa parole! Dites qu'elle est libre!

CÉCILE

Stépanovitch, j'étais libre quand j'ai choisi.

STÉPANOVITCH

Dites qu'elle est libre maintenant.

Blaise a repris de l'assurance. Il a maintenant l'air d'être sûr de son triomphe.

BLAISE

Allons, finissons cette scène ridicule. Cécile, vous êtes libre.

CÉCILE

Je ne demande pas ma liberté.

BLAISE

Vous avez entendu?

STÉPANOVITCH

J'entends qu'elle ne peut répondre. Dites : « Je rends votre parole », et elle parlera. Vous voyez bien qu'elle ne dit rien. Elle condamne.

BLAISE

Cécile, je vous prie de considérer que la parole que vous m'avez donnée ne vous engage plus. Entre lui et moi, choisissez librement. (*A Stépanovitch.*) Est-ce que cela vous suffit ?

STÉPANOVITCH

Vous êtes honnête. Écoutez. Elle va parler.

Un grand silence. Cécile s'est assise sur le divan. Blaise se penche vers elle. Il est pâle et tremblant. Stépanovitch s'est approché d'elle, de l'autre côté. Elle baisse la tête, elle se tait.

BLAISE

Parlez ! Dites-lui qu'il s'en aille... Parlez... Dites la vérité. La vérité...

CÉCILE

Que deviendrez-vous?

BLAISE

Moi?

STÉPANOVITCH

Vous avez compris ?

Cécile et Stépanovitch disparaissent.

BLAISE, *il tombe sur le divan, il pleure.*

Fini... C'est fini...

Le Jeune Homme surgit. Il le regarde pleurer, puis il va s'asseoir sur le divan à côté de lui.

SCÈNE X

BLAISE, LE JEUNE HOMME

LE JEUNE HOMME

Pourquoi l'as-tu laissée partir?

BLAISE

Si tu les avais vus côte à côte, qu'ils étaient jeunes, qu'ils étaient beaux!

LE JEUNE HOMME

Allons, rien n'est perdu, puisque je te reste. Qu'allons-nous faire?

BLAISE

Nous résigner... Vivre dans la maison de mon père, la petite maison, pour attendre la mort...

LE JEUNE HOMME

Ah! Oui... oui... Le lorgnon à cordon, le veston d'alpaga et la canne à bec de corbin... Parfaitement... Tu iras au soleil sur la petite place, avec les retraités de l'enregistrement qui ont des faux cols en celluloïd... Et tu feras le quatrième à la manille sur la moleskine des petits cafés. On s'amusera beaucoup... Te suffira-t-il, ce bonheur? Tu as donc oublié ses lèvres?

BLAISE

Cet unique baiser brûle encore ma bouche...

LE JEUNE HOMME

Ne sens-tu pas comme une fièvre qui brouille tout devant tes yeux?

BLAISE

Je ne vois plus les choses vraies... Je vois sa bouche, je vois ses yeux clos... Ah! Qui pourra me guérir d'elle?

LE JEUNE HOMME

Écoute... (*On entend un jazz lointain qui se rapproche peu à peu.*) Sens-tu les vieux désirs qui s'éveillent en toi? Viens... C'est là-bas que tu peux oublier... Viens... Paris, les petites femmes, les grandes bouches graissées de rouge, la joie animale du jazz... Viens... Viens... (*Le jazz redouble. Brusquement, au fond de la scène, plusieurs panneaux disparaissent. On voit une grande salle de dancing à Montmartre. Au premier plan, des tables chargées de fleurs, de cristaux, de fruits. Autour des tables, des femmes fardées, de petits jeunes gens pâles, deux ou trois vieillards déguisés en jeunes gens. Un garçon fait sauter des bouchons de champagne. Au-delà des tables, des couples dansent, un vieux monsieur embrasse une fille. Au fond, sur trois marches drapées de velours noir, un jazz nègre en dolmans rouges. Le jazz fait rage. Une femme fardée, assise à l'une des tables du premier plan, regarde Blaise en souriant. Elle lui fait signe. Puis deux femmes, puis trois femmes groupées l'appellent, lui envoient des baisers.*) Regarde... Vois comme elles sont belles... Viens...

Le vieillard se lève en chancelant. Il s'approche des femmes, il va franchir la limite qui sépare son bureau du dancing. Les femmes le saisissent, elles essaient de l'entraîner. Le Jeune Homme le pousse. Il résiste, il se débat, il recule jusqu'au milieu de la scène en criant.

BLAISE

Non! Non! Tu ne vois pas que c'est la boue!

LE JEUNE HOMME, *dans un grand éclat de rire.*

Oui, je le sais.

BLAISE

Tu changes soudain de visage... La haine brille dans tes yeux...

LE JEUNE HOMME

Mais oui, je te hais! Je puis te le dire aujourd'hui, puisque je te tiens. Oui, j'ai tout fait. C'est moi qui t'inspirais. J'ai profité de ton malheur pour t'imposer ma tardive revanche... C'est moi qui t'inspirais les paroles absurdes que tu prononças devant tes élèves... C'est moi qui t'ai poussé vers la vierge trop jeune... Ha! Ha! Ha! Ha!

BLAISE

Pourquoi me hais-tu? Tu pourrais être mon appui, ma consolation.

LE JEUNE HOMME

Oui, si tu m'avais permis de vivre! Maintenant, je serais chargé de souvenirs, j'aurais des histoires à te raconter... Mais je n'ai pas de souvenirs, je ne sais pas d'histoires... Privé de tout, affamé, abruti, dévoré de vieux désirs, je suis un raté. Ce n'est pas ma faute si je suis méchant! Allons, viens! Tous ces gens t'attendent... Il manque un bouffon à la fête... Viens!

BLAISE

Tu jettes le masque trop tôt. (*Il ouvre un petit meuble et y prend une brassée de livres.*) Je suis sauvé!

LE JEUNE HOMME, *ironique.*

Crois-tu? Ha! ha! Nul n'échappe à la loi! Jeune, tu vivais comme un vieux; vieux, tu vivras comme un jeune! (*Il s'élance vers lui.*) Jette ces livres!

BLAISE

Non!

Le Jeune Homme le prend à la gorge. Dans une pénombre subite, on entend le bruit d'une lutte, la chute d'un corps. On voit le Jeune Homme disparaître par la porte de l'armoire. Mélanie entre, affolée... Avec elle rentre la lumière naturelle, et le décor est redevenu normal.

MÉLANIE

Jésus! Qu'est-ce qu'il y a? Monsieur! (*Elle découvre Blaise étendu à terre qui essaie d'arracher son col.*) C'est une attaque! Mon pauvre Monsieur!

BLAISE

Fermez à clef... L'armoire, fermez à clef!

MÉLANIE

Mais pourquoi?

BLAISE

Fermez à clef...

MÉLANIE

Ah! mon Dieu! Sa tête se perd!

BLAISE

Mais non! Mais non! Allez chercher un docteur.. Quelqu'un... Allez vite... (*Elle sort en courant. Blaise se relève, il traîne des meubles devant la porte de l'armoire... Puis il va s'asseoir devant son bureau. Dans un tiroir, il prend un revolver et le dépose à portée de sa main. Puis il prend du papier et se met à écrire.*) Monsieur le Recteur, j'ai l'honneur de solliciter de votre bienveillance...

La porte de l'armoire craque. Blaise se lève, le pistolet à la main. La porte craque de nouveau. Blaise regarde l'armoire avec angoisse. Il commence à reculer vers la porte de sortie, sans quitter des yeux la porte de l'armoire qui bouge toujours. Comme il approche de la porte de sortie, le Jeune Homme surgit derrière lui et saisit par les épaules le vieillard terrifié qui n'ose pas se retourner et qui tremble affreusement.

LE JEUNE HOMME

Crois-tu m'échapper? (*Blaise se dégage dans un grand effort, il recule d'un pas et tire un coup de revolver sur le Jeune Homme qui éclate de rire.*) Celui de nous deux qui peut tuer l'autre, ce n'est pas toi! (*Blaise dépose son revolver au coin du bureau. Puis il reprend ses livres dans ses bras. Le jazz recommence. On revoit les femmes qui l'appellent, les nègres, on entend les rires.*) Une dernière fois, veux-tu me suivre?

BLAISE, *il ne répond pas, il parle à ses livres.*

O mes amis! Pardonnez-moi! Vous êtes le cœur des grands morts, la plus haute noblesse du monde, l'éternelle beauté de la vie... Il n'y a rien que la Pensée...

Le Jeune Homme prend le revolver et tire. Le vieillard chancelle et glisse lentement le long du bureau. Le jazz s'éteint. Le Jeune Homme disparaît.

RIDEAU

DISCOURS PRONONCÉ
DANS LA SÉANCE PUBLIQUE
TENUE PAR
L'ACADÉMIE FRANÇAISE
POUR LA RÉCEPTION DE
M. MARCEL ACHARD

le jeudi 3 décembre 1959

Réponse de
M. Marcel Pagnol
au discours de
M. Marcel Achard

Vous avez, monsieur, dès les premiers mots de votre remerciement, affirmé que notre Compagnie avait renoncé depuis longtemps à une très ancienne tradition, selon laquelle l'académicien chargé de présenter le nouvel élu l'accablait d' « une série » de « remontrances » et de « réprimandes », comme pour gâter tout plaisir qu'il pouvait ressentir le jour même de son entrée solennelle à l'Académie.

On voit bien que vous ne connaissez pas encore la douceur de nos mœurs. Non, monsieur, cette coupole n'a jamais entendu de remontrance, ni surtout de réprimande : tout au plus quelques traits ou quelques épigrammes, dont le but et l'utilité semblent vous avoir échappé.

Tout d'abord, vous admettrez certainement qu'il convient de marquer une différence entre le panégyrique d'un prédécesseur défunt et la présentation d'un nouveau confrère bien vivant. Votre exorde, qui eût voulu que je renonçasse aux critiques traditionnelles, exprimait donc le souhait qu'à l'éloge funèbre d'André Chevrillon je répondisse par le vôtre.

Ne soyez donc pas si pressé. Il est certain qu'un jour cet hommage vous sera rendu ; mais j'espère que celui qui aura le chagrin de le prononcer est encore sur les bancs du lycée : aujourd'hui, monsieur, je me conformerai donc à la tradition, dont votre plaisante timidité semble redouter la malice, mais dont le but n'est pas de gâter votre plaisir : elle se propose seulement — non point d'abattre — mais de tempérer la superbe qui pourrait défigurer votre modestie à cause des éloges que je vais, selon l'usage, vous décerner pendant plus de quarante minutes, et peut-être aussi à cause de l'idée embellie que vous semblez avoir conçue de vous-même, en vous voyant dans ce costume que vous portez aujourd'hui pour la première fois, avec une élégance discrète et une satisfaction visible. Donc, monsieur, vous aurez vos traits, car je vous vois en état de les supporter sans dommage, et peut-être avec profit.

Je commencerai donc par vous dire que le plaisir que j'ai à vous accueillir sous cette coupole n'a d'égal que mon étonnement de vous y voir. Non point que votre talent n'ait mérité ce siège, qu'il est convenu d'appeler fauteuil, mais à cause de certain épisode de votre vie passée, que je me vois forcé de rappeler aujourd'hui.

Tout le monde sait que Molière n'appartint pas à l'Académie, et l'on croit généralement (à cause des deux vers de Boileau) que notre Compagnie ne lui pardonna pas de s'être enfermé dans un sac pour y recevoir, en public, des coups de bâton. Or, Boileau, prince des critiques, parlait avec une grande légèreté d'une pièce qu'il n'avait certainement pas vue, car

Molière, dans *Les Fourberies,* n'a jamais joué le rôle de Géronte; il jouait Scapin, et ces coups de bâton, c'était lui qui les donnait : exercice, en somme, honorable, et dans lequel excellèrent les grands seigneurs. Ce que l'Académie ne pardonna pas à Molière, ce fut tout simplement d'avoir fait le métier de comédien.

Eh bien, monsieur, je regrette d'avoir à rappeler ici que vous êtes monté vous-même sur les tréteaux. Non pas dans un salon, ou à la Cour, comme le fit notre Louis XIV, par simple divertissement, mais sur un théâtre public. Et quels rôles avez-vous interprétés? Cinna? Hernani? Chatterton? Point. Vous avez joué, monsieur, le rôle d'un pitre de cirque dans une pièce que vous aviez délibérément composée vous-même. J'en parle savamment, car je vous ai vu, la face enfarinée, le menton pointé, les pieds en dedans, imiter de votre mieux l'accent anglais du cirque; je vous ai vu, dis-je, soulever de grands éclats de rire et des applaudissements prolongés en recevant, monsieur, des coups de pied!...

Combien de coups de pied? quatre mille quatre cent quarante. C'est vous qui l'avez avoué à l'envoyé d'une gazette qui ne se fit point faute de l'imprimer. Et des coups de pied où? Au Théâtre de l'Atelier, devant une foule chaque soir renouvelée.

Votre cas était donc beaucoup plus grave que celui de Molière : vous voilà pourtant parmi nous, et je vais vous dire pourquoi.

Tout d'abord, l'Académie a bien voulu déduire de votre passif le fait que cette carrière d'historion fut courte, malgré votre scandaleux succès personnel.

D'autre part, deux mois avant qu'il n'eût été parlé de votre candidature, un éminent critique de notre génération écrivit une petite phrase d'une grande importance :

> A la première de *Voulez-vous jouer avec moâ?* en 1923, on vit un auteur débutant, Marcel Achard, tenir lui-même le principal rôle de sa pièce parce qu'on n'avait pas pu trouver un interprète à meilleur marché.

Voilà une raison des plus honorables, une raison touchante, je dirai presque pathétique, et qui a fait grand effet.

Enfin, je crois que Molière lui-même, en cette circonstance, a voté pour vous, et je vais vous dire comment.

Après sa mort, l'Académie ne tarda guère à regretter son intransigeance, mais il fallut attendre un siècle pour qu'elle avouât publiquement qu'elle se sentait diminuée par l'absence du plus grand auteur comique de tous les temps.

C'est, en effet, en 1778 que le buste de Molière fut installé dans la salle de réunion des académiciens, et afin d'éclairer ceux qui auraient pu croire à une élection posthume, ce buste fut établi sur un vers de Bernard-Joseph Saurin : « Rien ne manque à sa gloire, il manquait à la nôtre. » Ce n'est pas un très beau vers français, et ce « manquait » ne dit pas très bien ce qu'il veut dire, mais il contient un aveu sincère, et d'une franche dignité.

Ce marbre expiatoire occupe toujours une place

d'honneur dans le palais de l'Institut, mais l'Académie n'est pas délivrée pour autant de son regret, je dirais presque de son remords. C'est pourquoi, si elle avait repoussé votre candidature sous le seul prétexte que, comme lui, vous avez joué la comédie, on eût pu croire qu'elle confirmait ainsi son exclusion, et d'autre part, en vous accueillant, elle vous a habilement refusé l'honneur de vous mettre dans son cas.

Après ces quelques traits préliminaires, dont vous ne semblez pas autrement affecté, il faut, monsieur, que je vous remercie et que je vous félicite : votre hommage à la mémoire d'André Chevrillon a touché tous ses amis, c'est-à-dire toute notre Compagnie.

Sur un rivage rouge de la mer bretonne, et sur les lieux mêmes où il aimait à rêver, vous avez longuement lu et médité les trente volumes de son œuvre.

De ces lectures et de ces réflexions, vous avez su tirer une vue d'ensemble et, pour tous ceux qui ne l'ont connu qu'à la fin de sa longue vie, vous avez ressuscité son errante jeunesse et sa riche maturité. Vous nous avez montré qu'après Chateaubriand et avant les Tharaud, il eut le génie de ce que l'on appelle aujourd'hui « le grand reportage » et qui est un nouveau genre littéraire. Il fut ensuite le maître incontesté des études anglaises, qui devaient avoir une si grande influence sur les écrivains et les peintres de sa génération. Il fut enfin un philosophe lyrique, et la page que vous nous avez lue nous a rappelé qu'il fut un très grand écrivain.

Vous avez dit que la qualité de son œuvre lui a épargné la popularité. Je ne suis pas certain qu'il l'eût repoussée, mais il est bien évident qu'il ne l'a jamais recherchée. Il n'a pas souhaité que ses livres fussent mis en vente dans les kiosques à journaux, sous ces couvertures coloriées que l'on appelle aujourd'hui « jaquettes » (fort heureusement pour ce mot qui était en voie de disparition), mais il était heureux de les savoir dans toutes les bibliothèques, et surtout de les voir dans les mains des étudiants : ils y sont encore, et ils y resteront.

Je crois que votre discours servira sa mémoire, car vous n'avez pas composé un banal éloge funèbre, petit ouvrage de circonstance imposé par nos usages, mais une véritable étude critique, qui pourrait être la préface des œuvres complètes du maître disparu.

C'est pourquoi j'attends avec une certaine inquiétude les éloges que ne manqueront pas de vous décerner les journaux, car je crains qu'ils ne soient assortis d'une surprise incongrue.

Vous avez dit vous-même tout à l'heure que l'auteur comique, en France, a toujours été traité fort cavalièrement : il me semble que ce n'était pas assez dire. Notre époque met facilement au premier rang le roman physiologique, la pornographie philosophique, et surtout les auteurs ennuyeux, comme si l'épaisseur de l'ennui était l'exacte mesure de la profondeur de la pensée. Le corollaire de cette erreur, c'est qu'un auteur comique ne peut être qu'un plaisantin de bonne compagnie, et qu'on n'en peut attendre rien de plus que de plaisantes bouffonneries ou des gaudrioles relevées de quelques bons mots. Vous venez de prouver le contraire : d'ailleurs, tous ceux qui vous connaissent savaient déjà que si vous n'aviez pas été capable d'écrire vos propres ouvrages, vous eussiez pu juger ceux des autres, comme vous l'avez fait aujourd'hui avec tant de clarté, de science et de sympathie.

J'ai maintenant le devoir de vous présenter à nos confrères, et de dire en peu de mots vos origines, et les principaux événements de votre vie.

Je n'ai pas eu besoin, monsieur, de faire de bien longues recherches, car il vous est arrivé de parler de vous-même en public (si bien que j'ai pu consulter le texte authentique d'une conférence de Marcel Achard sur Marcel Achard). Ces trente pages, dont on ne peut dire qu'elles soient une autocritique bien sévère, m'ont fourni, sans le moindre effort de ma part, tous les renseignements qui m'étaient indispensables.

C'est cette source que je vais utiliser en me permettant toutefois de corriger certaines inexactitudes.

Vous avez dit dans cette confession publique que vous étiez né à Lyon, ce que personne n'a jamais mis en doute : et il est bien vrai que c'est de Lyon que vous êtes parti, pour venir tenter votre chance à Paris, mais une petite enquête complémentaire m'a fait découvrir, à ma grande surprise, que vous n'êtes pas né dans la grande cité de Plancus.

Vous avez vu le jour, monsieur, dans la petite ville de Sainte-Foy, sur la rive droite du Rhône.

J'y vois une première manifestation de votre chance, car si les édiles lyonnais oubliaient un jour d'inscrire votre nom sur la plaque bleue d'une rue, vous aurez du moins une chance d'obtenir, dans votre bourgade natale, une avenue bordée de marronniers, au fond de laquelle je vois, sur la place du théâtre, un buste, ou peut-être une statue : votre avenir posthume me semble donc assuré.

Maintenant je dois reconnaître que Sainte-Foy n'est pas bien loin de Lyon, c'est dans les environs de la place Bellecour que vous avez passé votre enfance et votre jeunesse.

Votre père, modeste commerçant, fut un peu inquiet, comme tous les pères du répertoire, lorsqu'il découvrit votre vocation littéraire. Cependant, il ne semble pas l'avoir bien énergiquement contrariée, si ce n'est par une tentative de vous faire entrer dans l'enseignement, ce qui n'eût pas brisé votre carrière littéraire, et il vous permit de fréquenter de jeunes Lyonnais qui avaient, eux aussi, l'ambition d'écrire. Vous avez dit, monsieur : « De toutes les villes de France, Lyon est la mieux organisée contre la poésie. »

Je vous crois sur parole, mais je crois aussi pouvoir dire qu'elle n'est pas organisée contre l'amitié, car vous devez beaucoup à l'affection et à la fidélité de vos amis lyonnais.

Plusieurs d'entre eux vous avaient précédé sur la route de la capitale, où ils avaient déjà conquis de petites places dans le monde des lettres : c'est l'un d'eux qui vous conseilla de venir vous joindre à leur groupe. Il s'appelait — et il s'appelle toujours — Michel Duran. Évidemment, il n'avait pas encore fait représenter ces douze comédies qui ont obtenu de brillants succès sur les Boulevards, mais il écrivait déjà dans les journaux. De temps à autre, il écrivait aussi des lettres, et voici en quels termes il vous adjurait :

« A Paris, un talent comme le tien est toujours reconnu tout de suite; c'est une question de secondes! »

C'était, avouons-le, d'un optimisme un peu exagéré. De cette exagération que les Lyonnais appellent volontiers marseillaise. Mais c'était une belle phrase d'ami, qui fait autant d'honneur à celui qui l'a écrite qu'à celui qui l'a reçue, et qui se laissa persuader.

Toutefois, les secondes lyonnaises furent encore plus longues que ne le sont — en général — les secondes marseillaises. Elles durèrent tout près de quatre ans.

Vous trouvâtes à Paris vos amis tout prêts à vous aider. Pierre Scize, qui était déjà le rédacteur en chef de *Paris-Journal,* vous ouvrit les portes du monde du théâtre.

A la vérité, il ne put vous les ouvrir toutes grandes, et il faut reconnaître que votre entrée au théâtre du Vieux-Colombier passa complètement inaperçue. En effet, vous n'y étiez ni dans la salle, ni en scène, ni dans les coulisses, ni dans les couloirs, ni dans les bureaux, ni même au contrôle : et pourtant, vous étiez là chaque soir. Votre buste — celui-là même dont on verra la reproduction à Sainte-Foy — était installé dans une niche, et n'était visible que pour les comédiens, et encore ne le regardaient-ils, d'un œil hagard, que dans ces moments de panique où leur mémoire les trahit. Vous étiez souffleur, monsieur, et fort heureux d'avoir pu pénétrer sur une scène, fût-ce à la façon du diable dans *Faust,* c'est-à-dire à travers le plancher.

Mais le très vif intérêt que vous portiez au spectacle, et aux gracieuses chevilles des comédiennes qui se reflétaient en gros plan dans vos lunettes, absorbait toute votre attention : il vous arriva souvent d'oublier de tourner les pages du manuscrit, et de souffler aux défaillants des répliques de votre invention. D'autre part, les applaudissements et les bravos qui jaillissaient parfois de votre niche parurent incongrus à l'administrateur du théâtre, qui vous pria d'aller souffler ailleurs.

C'est alors que sur les instances de Pierre Scize, Henri Béraud, autre gloire lyonnaise, vous fit entrer au journal *L'Œuvre,* où un chef de service audacieux, et peut-être inconscient, vous confia la rédaction des commentaires sur les cours des Halles de Paris. Il ne nous reste malheureusement aucun témoignage concernant les effets de vos prophéties sur les variations de prix de la citrouille ou la raréfaction de l'aubergine, mais nous savons que vous rédigiez ces Géorgiques avec une grande conscience professionnelle, ce qui vous permettait de rester jusqu'à huit heures dans un bureau chauffé, fort occupé par la lecture des journaux du soir.

C'est à ce moment-là que j'eus le plaisir de vous rencontrer dans un déjeuner des Moins de Trente ans. Ce groupement réunissait des peintres, des écrivains, des comédiens, des journalistes, et son titre sonnait comme un défi aux oreilles des générations précédentes. Ce titre me paraît aujourd'hui bien naïf, car il eût justifié la candidature de tous les enfants des écoles maternelles, et d'autre part, il était absurde de mettre tout notre mérite dans le seul bien que nous étions assurés de perdre, et que nous avons en effet perdu depuis bien longtemps.

Malgré la richesse de vos commentaires sur le cours des Halles, vous ne faisiez pas figure de nabab, et vous avez parlé, dans une de vos comédies, des fins de mois qui durent trois semaines.

Je vous ai vu traverser sans amertume ces passages difficiles que les commerçants appellent pudiquement une « crise de trésorerie ». D'ailleurs, il faut bien reconnaître que le bon Murger et ses camarades avaient dévoré depuis bien longtemps tout le bifteck de la vache enragée, et que nous fûmes toujours en état d'entrer sans inquiétude dans des restaurants à trois francs, et même à trois francs cinquante. Bien sûr, nous y étions serrés dans une foule, et nous y apprîmes à manger les coudes collés au corps, ainsi que le recommande la théoric militaire pour la position du pas gymnastique.

Mais d'aussi bourgeoises misères ne m'autorisent pas à m'attendrir sur la dureté de vos débuts, et d'autant moins que vous aviez résolu le problème du logement d'une façon grandiose, et qui vous faisait des envieux : vous dormiez, monsieur, dans un décor de Pirandello, sur la scène du Théâtre de l'Atelier, et, afin de payer un loyer que Charles Dullin n'exigeait nullement, vous aviez coutume de balayer cette scène chaque matin. Je vous ai surpris dans cet exercice, que vous exécutiez en dansant, et vous m'expliquâtes que ce petit ballet vous avait été inspiré par le nom même de l'instrument que vous teniez entre vos mains.

Vous étiez jeune, tout vous faisait rire ou rêver; et parce que vous attendiez la chance avec une confiance naïve, elle vint vous rendre visite au siège même de votre journal.

Ce soir-là, après avoir mis un point final à une élégie sur les ravages du doryphore, vous étiez resté dans les bureaux déserts, le dos contre un radiateur, et vous lisiez, dans une chaude quiétude, la dernière édition de *L'Intransigeant,* lorsqu'une intéressante conversation frappa votre oreille.

Edmond Hue, le secrétaire de la rédaction, disait à Robert de Jouvenel :

— Je ne voudrais pas vous faire de peine, mais Brockdorff-Rantzau arrive ce soir à Versailles pour signer le traité de paix. C'est un événement considérable, et le journal n'a envoyé personne.

— Il est un peu tard pour m'en parler, s'écria M. de Jouvenel. Vous savez bien que tous les rédacteurs sont partis!

— C'est vrai, dit M. Edmond Hue, mais il reste Achard.

— Vous plaisantez? dit M. de Jouvenel.

— Ma foi, dit Edmond Hue, les plénipotentiaires ne le recevront probablement pas, mais il nous apportera quelques échos, par les garçons de bureau ou les agents de police. En tout cas, on l'aura vu là-bas, ce qui permettra d'inventer une interview...

— On l'aura vu, dit M. de Jouvenel, s'il ne se trompe pas de train, d'heure, d'hôtel, et d'ambassadeur.

— C'est là le danger, dit Edmond Hue. Mais je vais lui payer un taxi, et j'expliquerai sa mission au chauffeur.

Or, tandis que vous rouliez sur la route de Versailles, et que vous composiez le premier couplet d'une chanson, votre voiture s'arrêta soudain, car deux personnes, les bras levés, dans la lumière des phares, lui barraient le passage.

Ce monsieur et cette dame, c'étaient deux des plus célèbres journalistes du monde. Tom Topping du *New York Times* et Andrée Viollis du *Petit Parisien.* Leur voiture était en panne, et ils faisaient de l'auto-stop, bien avant l'invention de ce mot, qui n'est d'ailleurs pas encore dans notre dictionnaire. Ils vous supplièrent de les mener à Vaucresson, où ils avaient un rendez-vous d'une importance capitale. Vous ne fûtes pas fâché de leur répondre qu'il vous était malheureusement impossible de les obliger, parce que vous étiez chargé d'une mission de confiance, et que l'on vous attendait à Versailles pour recueillir quelques déclarations de M. de Brockdorff-Rantzau. Alors, Tom Topping vous révéla que le diplomate allemand, pour fuir les journalistes, n'était pas descendu à Versailles, mais à Vaucresson; que lui-même, Tom Topping du *New York Times,* connaissait le lieu de sa retraite, et qu'il avait obtenu une audience pour neuf heures précises. Sur quoi, Mme Andrée Viollis ajouta que si vous acceptiez de les transporter jusqu'au lieu du rendez-vous secret, vous n'auriez pas lieu de le regretter...

C'est ainsi que dans le hall de l'hôtel, pendant qu'ils recueillaient les confidences du plénipotentiaire, vous eûtes le temps de terminer votre chanson avant que leur reconnaissance ne vous dictât le texte de la plus retentissante interview que *L'Œuvre* eût jamais publiée.

Le lendemain matin, votre patron, M. Gustave Téry, vous fit appeler dans son bureau et s'indigna qu'on eût si longtemps réduit à ergoter sur des légumes un magnétiseur capable d'extorquer des confidences d'un intérêt mondial à un ambassadeur plénipotentiaire; il vous offrit sur-le-champ deux mille francs par mois, plus dix sous la ligne, et vous chargea de confesser les personnalités les plus marquantes du monde des lettres et des arts.

En ce temps-là, l'interview n'était pas encore le procédé le plus efficace pour ridiculiser ou compromettre les personnes assez naïves pour s'y prêter. Vous êtes allé rendre visite, avec une admiration préconçue mais sincère, à un certain nombre d'écrivains, de peintres, de comédiens, de directeurs de théâtre; vous avez rapporté leurs propos avec une élégante exactitude, vous n'avez pas divulgué leurs confidences, et quand, pour orner votre article, vous disposiez d'un certain nombre de photographies, vous n'avez jamais choisi la plus ridicule.

Cette honnêteté, éclairée par votre gentillesse naturelle, vous valut bientôt l'estime et l'amitié de personnalités importantes, au premier rang desquelles je citerai l'inoubliable Lugné-Poe, qui flairait le talent à vingt pas. Sans que vous lui eussiez rien demandé, il vous commanda une pièce en un acte : ce fut *La messe est dite*. Petite pièce, mais qui fit grand bruit à cause des huées qui accueillirent certaines répliques, et qui saluèrent longuement la chute du rideau. Charles Dullin, qui avait de l'amour-propre, supporta mal que son balayeur-poète allât faire ses fours ailleurs que chez lui, et il vous en commanda immédiatement un autre. Ce second ouvrage s'intitula *Celui qui vivait sa mort*. Je n'en ai pas encore oublié les dernières répliques.

Le roi Charles VI se penche sur son ami Gringonneur, qui agonise en scène; sans la moindre pitié, mais avec une curiosité insistante, il l'interroge : « Tu meurs. Alors, la mort comment est-ce? Est-ce un repos? Une torture? Parle! Finalement quelle est ton impression? — Mauvaise », dit Gringonneur. Et il mourait, sans autre explication.

Cette fois, ce fut un aimable succès que la presse enregistra avec sympathie. Sur quoi, Charles Dullin vous donna le titre de « Poète de la troupe », et vous commanda une vraie pièce, une pièce en trois actes, et c'est en juillet 1923 que vous avez écrit : *Voulez-vous jouer avec moâ?* qui devait être créée le 18 décembre de la même année.

A partir de cette date, l'histoire de votre vie, c'est celle de vos œuvres, que je connais toutes, et sans doute mieux que personne. Il en est quelques-unes qui ne me déplaisent pas, d'autres que j'aime, d'autres que j'admire, et il me serait facile de dire ici tout le bien que j'en pense.

Mais comme je viens d'avouer l'amitié que je vous porte et depuis si longtemps, j'ai craint que mes éloges ne parussent inspirés par ce sentiment plutôt que par le véritable esprit critique. C'est pourquoi, au lieu d'essayer de juger moi-même vos ouvrages, j'ai cru qu'il valait mieux laisser parler les autres, c'est-à-dire les critiques dramatiques, dont les opinions auront plus de poids que la mienne. Ainsi, j'espère donner aux personnes qui me font l'honneur de m'écouter une idée exacte et sincère de la place que vous occupez sur la scène française.

A la veille de la répétition générale de *Voulez-vous jouer avec moâ?* les rumeurs ne vous étaient pas très favorables : nous étions à la grande époque des frères Fratellini, qui étaient des clowns remarquables, et que l'on ne craignait pas de comparer à Shakespeare, ce qui ne faisait d'ailleurs de mal à personne. C'est pourquoi quelques esprits chagrins commencèrent à dire qu'un jeune poète qui accrochait sa muse au char flamboyant de l'actualité faisait preuve de trop d'opportunisme, et avouait en même temps la pauvreté de son imagination.

Mais, dès la dixième réplique, Robert de Flers donnait le signal des éclats de rire, et la soirée fut vraiment triomphale. C'était vous qui jouiez le rôle principal, comme je l'ai déjà dit : je dois reconnaître que le public des générales vous fit un double succès que la presse confirma.

Notre confrère Fernand Gregh disait :

> M. Marcel Achard a écrit une parade de clowns qui a l'agrément d'une pièce littéraire. Il a nourri sa clownerie et lui a donné un sens. Telles scènes de sa pièce sont délicieuses par l'imprévu de la drôlerie et quelquefois la profondeur abrupte des répliques.
>
> *Nouvelles littéraires.*

Régis Gignoux proclamait que vous aviez réussi « l'une des plus belles opérations de la fantaisie moderne, d'une légèreté et d'une jeunesse radieuse ». Tandis que Fernand Vandérem, que nous considérions comme un critique redoutable, écrivait :

> C'est Marivaux, chez Médrano.

Alfred Savoir, qui régnait alors sur le théâtre du Boulevard, voulut rassurer le public tout en proclamant la qualité de l'ouvrage, et disait dans *Bonsoir :*

> C'est un chef-d'œuvre, mais vous rirez!

Enfin, Paul Gordeaux donnait le ton de la soirée :

> Un directeur aux abois (Charles Dullin), engageant pour monter cette comédie son dernier billet de cent francs; les « moins de trente ans » massés dans la salle pour soutenir de leurs acclamations l'auteur, membre de leur joyeuse et bruyante association; les pontifes de la critique, désarmés par la candide audace du poète et, peu à peu, charmés par une fantaisie railleuse si généreusement répandue, entrant dans le jeu allègre, libre et cocasse de cette parade de cirque qui, de scène en scène, se muait en un petit chef-d'œuvre drôle, subtil et neuf. A minuit, la partie était triomphalement gagnée, l'Atelier était sauvé et Marcel Achard célèbre.

Le public, le grand public, confirma le jugement de la critique unanime : la pièce fut jouée deux cents fois; c'était à cette époque un très grand succès, dont se fussent contentés Édouard Bourdet ou Robert de Flers, et vous n'aviez pas encore vingt-deux ans!

C'est alors que Louis Jouvet, qui avait quitté le Vieux-Colombier pour la Comédie des Champs-Élysées, vous commanda à son tour une pièce, et la direction de votre journal ne put pas refuser un congé de trois mois au confesseur de M. de Brockdorff-Rantzau, devenu par surcroît un auteur célèbre. C'est donc à la campagne que vous avez composé *Malbrough s'en va-t'en guerre.*

C'est à propos de cet ouvrage que vous avez écrit vous-même :

« La réussite de *Voulez-vous jouer avec moâ?* m'avait donné du métier d'auteur dramatique une idée un peu sommaire. Je me disais : « On passe trois mois à la campagne, on écrit en riant, et les critiques disent que vous avez fait un chef-d'œuvre! Je devais être assez rapidement amené à corriger cette conception. »

Votre pièce fut assez bien accueillie par la critique, et Louis Jouvet en donna quatre-vingts représentations, ce qui était en somme honorable. Mais à cause de la brillante réussite de vos débuts, vous n'avez vu, dans ce demi-succès, qu'un demi-échec, et trente ans plus tard, vous disiez encore :

« De toutes mes pièces, c'est peut-être celle qui a fait le plus de bruit. En tombant! »

Cette blessure à votre amour-propre fut pour vous un bienfait des dieux, car, avec toute la modestie et l'application d'un débutant, vous vous êtes remis au travail et, en deux ans, vous nous avez donné trois comédies : *Je ne vous aime pas, La vie est belle,* et *La Belle Marinière.*

« Ces ouvrages, avez-vous écrit pudiquement, ont eu des fortunes diverses », — c'est-à-dire que leur succès, pourtant des plus honorable, ne put satisfaire votre ambition, qui était grande, et ne se contentait déjà plus d'une centième — et vous ajoutiez : « C'est seulement en 1929 que j'eus l'impression d'exister. »

Voici donc ce qui s'est passé en 1929.

Il y avait à cette époque une sorte de compagnie de jeunes auteurs, qui étaient presque tous des journalistes. Les uns travaillaient pour *Comœdia,* sous la direction d'André Lang, qui faisait de touchants efforts pour avoir l'air d'un homme mûr, afin d'honorer son titre de rédacteur en chef. Les autres — dont vous étiez, monsieur — s'alignaient sur les balcons de *Bonsoir,* et ils poussaient de grands cris ou des éclats de rire pour attirer l'attention des passants.

Nous n'étions pas encore bien riches.

Par bonheur, nous avions un Mécène, et ce Mécène avait notre âge, et il écrivait des comédies pour les théâtres du Boulevard... Sa fortune nous paraissait inépuisable, car il traversait, avec la sénérité d'un tank, des additions de cinq cents francs, et il mettait à notre disposition, pour nos réunions, un véritable appartement. Quand je dis véritable, je veux dire vaste, car il était l'œuvre d'un décorateur de théâtre d'avant-garde, et ne ressemblait à rien de vrai.

Sous un plafond tapissé de feuilles d'or, on voyait d'abord divers guéridons, et de petites tables très basses qui arrivaient des Arts décoratifs. Ces meubles étaient composés de coins agressifs, réunis (comme à regret) par de petits ronds, qui en formaient le centre. Au milieu, un bloc immense, un parallélépipède parfaitement plein, rendait perplexes les nouveaux venus : ils ne pouvaient deviner que c'était la table, dans laquelle étaient encastrées douze chaises : elles s'y emboîtaient si exactement que la pression atmosphérique suffisait à maintenir la cohésion de l'ensemble. Cependant, pour les extraire de leur logement, il suffisait d'un couteau de cuisine : mais quand on avait vu les sièges, on comprenait que leur créateur, soucieux avant tout de l'exactitude de leur emboîtage, n'avait jamais pensé, fût-ce une seconde, à l'usage que l'on pourrait en faire, et la raideur de leur accueil autorisait le visiteur à s'asseoir, sans façon, par terre.

C'est en ce lieu féerique que l'amour du théâtre et de la conversation nous retenait parfois jusqu'à l'aube, nous parlions de nos œuvres futures : chacun racontait en toute confiance l'intrigue de sa prochaine pièce, et celui qui avait fini d'écrire un acte le lisait à la compagnie assise en rond sur le tapis.

Nous étions tout le contraire d'une société d'admiration mutuelle. Le lecteur était souvent interrompu par des bâillements concertés, des ronflements simulés, ou des encouragements ironiques.

Alors, il demandait, sur un ton un peu sarcastique :

— Et vous qui êtes si forts, qu'est-ce que vous feriez à ma place?

On lui conseillait d'abord d'aller travailler au déchargement des wagons, ou de faire de la politique.

Puis, après ces plaisanteries d'usage, chacun disait son mot, en toute sincérité. On présentait des critiques, des remèdes, des solutions. Et parfois même, l'un des railleurs allait s'asseoir devant la table monumentale, et rédigeait en hâte une ébauche de la scène qu'il proposait.

De ces cris et de ces querelles fraternelles, un certain nombre d'œuvres de cette époque sont sorties plus riches, plus claires, mieux agencées; j'en ai moi-même tiré grand profit, comme il m'est arrivé de donner d'excellents conseils. C'est ainsi que dans l'une de ces soirées j'eus l'honneur de collaborer à l'un de vos ouvrages.

Vous veniez de nous lire une pièce tendre et brillante dont il était facile de prévoir le succès, et qui reste, après trente ans, aussi jeune et aussi fraîche qu'au soir de sa mémorable répétition générale. Tandis que la larme à l'œil et le verre en main, nous disions tour à tour notre enthousiasme, je vous demandai tout à coup :

— Est-ce que tu as choisi un titre? (Car il m'arrive de vous tutoyer en d'autres lieux.)

Alors, avec la fierté qui convient à l'auteur d'une trouvaille, et dans un silence attentif, vous avez dit :

— *Au secours!*

Presque toute la compagnie admira l'originalité de ce choix, mais je me permis de dire :

— Je ne vois pas le rapport de ce titre avec ta pièce.

Vous me répondîtes, sur le ton d'un homme d'expérience qui parle à un enfant :

— Tu ne comprends donc pas que ce titre attirera

les gens ? Quand on appelle au secours, tout le monde accourt !

J'eus alors le cynisme de répliquer :

— Tu te fais de grandes illusions. Quand on appelle au secours, bon nombre de gens pressent le pas, en feignant de n'avoir pas entendu ; d'autres s'élancent à toute vitesse, comme par erreur, dans une autre direction. Seuls accourent quelques curieux, précédés d'ailleurs par la police. Non, ce titre ne me plaît pas. Le public aime les vainqueurs. On ne sort pas le soir après dîner, en famille, ou avec une fiancée, pour courir au secours de quelqu'un que l'on ne connaît pas.

Ce cynisme vous indigna, et vous vous étonnâtes que des propos d'une telle bassesse pussent être prononcés devant une aussi généreuse compagnie, qui vous approuva d'ailleurs par quelques huées à mon adresse : cependant, dès le lendemain, votre pièce s'appelait *Jean de la Lune*.

C'est évidemment l'une de vos œuvres majeures, et son succès fut éclatant.

Gaston de Pawlowski, dont l'audience était grande, et les jugements parfois cruels, concluait ainsi son article :

> Le rare mérite de M. Marcel Achard est de nous avoir restitué cette verve et ce dialogue comique véritable qui apparente l'auteur aux plus grands classiques d'autrefois.

M. Pierre Brisson, qui réservait d'ordinaire sa louange à Racine ou à Molière, fut tout à coup séduit, et n'hésita pas à le dire dans son feuilleton du *Temps*.

> L'esprit de M. Marcel Achard ne peut inspirer qu'une vive amitié. Il apporte au théâtre un style libre et léger qui porte la marque la plus personnelle et la plus séduisante. Dans ses premiers ouvrages, il paraissait ignorant de la qualité vraie de sa fantaisie. Cette ingénuité d'aspect qui reste une des grâces de son talent est devenue très consciente. La comédie que nous venons d'entendre en apporte le témoignage.

Le délicat Gérard Bauër, dans *Les Annales,* n'était pas moins élogieux :

> J'aime ces œuvres dont on rejoint aisément la rêverie qui les composa; j'aime ces personnages qui apparaissent sous les traits du quotidien en gardant encore les reflets d'une existence antérieure, celle de la songerie qui les accueillit, et leur donna lentement leur réalité; j'aime les pièces de M. Marcel Achard pour ces dons qui me sont sensibles et qui sont, à vrai dire, la poésie.

Enfin, notre bon maître Fortunat Strowski, de l'Institut, qui avait enseigné les belles-lettres à la Sorbonne, et que la fréquentation quotidienne des classiques avait rendu difficile, expliquait fort clairement les raisons de son enthousiasme :

> Il y a des dessins, disait-il, qui semblent confus et vains, tant qu'on ne les regarde pas sous l'angle voulu. Mais, dès qu'on a trouvé le point de perspective, la confusion s'évanouit et, à sa place, une fleur apparaît ou un visage vivant.
> Jean de la Lune est le frère de ces dessins. Un papotage délicat, des répliques telles qu'en peut écrire M. Marcel Achard, c'est le premier aspect confus ; mais dès l'instant où le point de perspective nous est révélé, un drame profond et admirable nous entraîne vers le triomphe de la tendresse sans égoïsme, de l'amour sans jalousie, de la clairvoyance sans amertume et de la poésie sans parole.

Le succès de cet ouvrage fut si grand et si durable que les critiques et échotiers commencèrent à vous appeler « le charmant auteur de *Jean de la Lune* » avec une constance si opiniâtre qu'elle finit par vous faire craindre que le tendre Jean de la Lune ne dévorât Marcel Achard.

C'est sans doute pour lutter contre cette menace, et en manière de protestation, que de 1930 à 1939, vous avez donné au théâtre six pièces nouvelles : *Mistigri, Domino, Petrus, La Femme en blanc, Le Corsaire,* et *Colinette.*

Il me semble que *Domino* et *Le Corsaire* sont celles qui reçurent et qui méritèrent l'accueil le plus chaleureux.

Domino, c'est *Le Chandelier* 1931, mais son romantisme est bien loin de celui de Musset.

Devant sa Jacqueline, qui s'appelle Lorette, il ne

tremble pas, il ne bégaie pas, il ne chante pas non plus. Il accepte sans sourciller une rémunération de cinq cent mille francs, et déclare que pour ce prix-là, il irait bien jusqu'à reconnaître un enfant naturel. C'est pourquoi Paul Reboux n'hésitait pas à dire :

> Dans *Domino* — pièce à laquelle décidément il convient d'attacher de l'importance dans l'histoire de l'art dramatique — l'auteur s'atteste réaliste en même temps que poète.

Mais votre réalisme n'allait pas jusqu'à la noirceur et Maurice Martin du Gard pouvait écrire :

> M. Marcel Achard aime la vie, ne voit pas tout en noir, et n'exerce pas de représailles sur ses héros; il fait la part des choses, il sait observer ce qu'il y a de charmant, d'ailé, d'un peu drôle et d'un peu mélancolique aussi dans chacun de nous. Il y a dans tout ce qu'il fait un fond de santé bien sympathique, et les pires aventuriers qu'il engage dans son répertoire ont tous quelque chose de tendre et d'humain et un idéalisme qui n'évoque jamais rien de niais.

Avec *Le Corsaire,* monté par Louis Jouvet, vous avez écrit un ouvrage véritablement romantique puisqu'il s'agit d'une histoire d'amour qui se poursuit à travers la réincarnation des deux personnages principaux. Ce fut aussi un beau succès, et qui charma la sévérité d'Henry Bidou :

> Dans *Le Corsaire* que M. Achard vient de donner à l'Athénée, l'auteur a assemblé sur la scène ce qu'il a pu trouver de plus irréel dans la vie : le cinéma, cette vie de fantômes éclairés et d'êtres vivants, plus chimériques encore, les pressentiments, les hantises, les ordres des morts, toute la vie trouble et profonde qui échappe à la raison ; Mlle Ozeray, mal délivrée du rêve peint sur son visage, et armée des forces terribles de silence ; M. Jouvet, inquiet comme un lièvre au bord d'un sillon, porte-parole d'un génie spasmodique. De tout cela, M. Achard a fait la pièce la plus séduisante.

Puis, c'est la guerre, et pendant les tristes années de l'Occupation, parce que vous n'aviez plus envie de rire, vous n'avez fait jouer qu'une pièce, *Mademoiselle de Panama.* C'est une œuvre forte et colorée et que le public apprécia ; mais Jean de la Lune veillait ; il se permit d'intervenir, et jusque dans les articles de la critique.

En 1946, le grand succès d'*Auprès de ma blonde* l'intimida pendant deux années entières, puis *Nous irons à Valparaiso,* une brillante comédie jouée à l'Athénée, et reprise immédiatement aux Ambassadeurs, le repoussa dans les coulisses d'où il menaçait de ressortir : mais pour le remettre à la raison, et le renvoyer à sa place, qui est au premier rang du théâtre contemporain, il fallut la triomphale création de *Patate,* qui va commencer dans quelques jours sa quatrième année de succès.

Molière, après Plaute, a mis en scène l'avarice et, de cette passion si basse, qui a été la cause de tant de tragédies et de crimes, il a fait une comédie qui touche parfois à la farce. Vous, monsieur, vous n'avez pas craint d'écrire une pièce sur une passion plus basse et plus vile encore : l'envie, mère d'une haine sordide, et qui est comme une lèpre du cœur. L'entreprise était périlleuse : c'est pourtant votre plus brillante réussite. Vous nous avez montré un personnage aigri, qui remâche sans cesse des griefs imaginaires, qui rêve de cruelles vengeances et qui réussit à réduire à merci son ennemi. Et ce personnage en somme ignoble, vous l'avez rendu si ridicule et si absurde qu'il finit par constater lui-même son ridicule et son absurdité.

La grande nouveauté de cet ouvrage, c'est que, pour la première fois peut-être, le personnage principal en est un couple d'amis et que, comme dans les grandes œuvres classiques, l'intrigue nous importe peu, et quc tout l'intérêt est dans les caractères. De plus, c'est, de toutes vos pièces, celle qui révèle le plus clairement votre style et votre manière : je crois que c'est votre chef-d'œuvre, et peut-être un chef-d'œuvre tout court.

Toutes ces citations ont souligné la valeur de chacune de vos pièces : mais les critiques les avaient vues, au cours des années. De plus, ils étaient pressés par l'actualité, et ils n'ont pu porter un jugement sur l'ensemble de votre théâtre, et c'est pourquoi je me vois forcé de proposer le mien.

Et tout d'abord, vous n'êtes pas un littérateur qui a écrit des comédies, comme le firent Balzac,

Flaubert ou Anatole France. Ces très grands écrivains furent péniblement déçus quand ils virent les beautés de leurs ouvrages s'effacer aux feux de la rampe, tandis que les vôtres, qui brillent si agréablement sur la scène, perdent à la lecture une partie de leur éclat : c'est là un grand mérite que je leur reconnais.

En effet, le langage du théâtre se compose d'abord d'attitudes, de gestes, d'expressions de visage et d'intonations qui précisent, qui aggravent, qui atténuent ou parfois contrarient le sens des mots. Sauf par quelques indications de jeux de scène, toujours sommaires, la partie la plus vivante d'une œuvre théâtrale n'est pas écrite et, pour un profane, le texte d'une vraie comédie est presque aussi difficile à lire que la partition d'un quatuor. C'est pourquoi tant de lecteurs se trompent sur la valeur de nos ouvrages : ils ne savent pas qu'un manuscrit de théâtre n'est qu'un projet de représentation.

Vous le savez mieux que personne, parce que vous êtes un homme de théâtre véritable : votre talent n'a pas eu à monter sur la scène, parce que c'est là qu'il est né.

Maintenant, dans quel genre peut-on classer votre œuvre?

On vous a très souvent entendu parler de Labiche, avec une admiration si chaleureuse qu'elle semblait le désigner comme votre modèle et votre maître. Il est bien vrai que l'auteur du *Chapeau de paille d'Italie* fut un maître, mais sans aucun doute ce n'est pas le vôtre.

Dans son théâtre pétillant de gaieté, fondé sur des

quiproquos, des situations inextricables, et dont le comique naît souvent d'une logique qui aboutit à l'absurde, il serait bien difficile de trouver un grain de poésie. Or c'est la poésie qui est le charme de votre œuvre et le secret de sa réussite. Une poésie légère, non pas écrite et comme surajoutée, mais qui est la source même de votre inspiration, et comme la couleur de vos personnages. Poésie parfois tendre et délicate, parfois franchement burlesque... C'est pourquoi la critique a si souvent parlé d'Ariel, et s'il fallait apparenter *Voulez-vous jouer avec moâ?* à quelque grande œuvre classique, ce n'est pas à *La Cagnotte* que je penserais, mais plutôt — je le dis à voix basse — au *Songe d'une nuit d'été*.

Certes je ne vous lance pas le pavé de l'ours, car je ne prétends pas que vous eussiez pu écrire *Hamlet* ou *Le Roi Lear;* non, vous n'êtes pas un autre Shakespeare. Je dis seulement que vous avez parfois retrouvé le ton de ses œuvres légères, telles que *Le Songe, La Mégère,* ou le *Conte d'hiver*. Ce n'est pas un petit éloge.

Un dernier mot, qui a son importance, et qui vous montrera l'élégance et la courtoisie de nos traditions; il en est une selon laquelle tous les candidats admis dans notre Compagnie, dès qu'ils sont élus, l'ont été à l'unanimité.

C'est donc au nom de tous, monsieur, que j'ai eu aujourd'hui l'honneur de vous souhaiter la bienvenue parmi nous.

Nous donnons à la suite de ce texte un passage inédit que Marcel Pagnol avait supprimé de son discours.

Et maintenant, de vos trente-quatre comédies dont la liste est loin d'être close, que restera-t-il?

Voilà une question bien imprudente. Les contemporains se trompent presque toujours quand ils essaient de prévoir les choix de la postérité.

Aussi bien ne l'aurais-je pas posée si je n'avais pas déjà entendu le commencement d'une réponse. Lors du premier succès de *Voulez-vous jouer avec moâ?* on aurait pu croire que l'accueil réservé à cette parade était dû pour une part à votre jeunesse : le débutant qui n'a pas encore fait naître de jalousie est souvent accueilli avec une indulgence que l'on refuse à l'auteur arrivé.

Il était aussi possible d'admettre que la vague des Fratellini vous avait grandement favorisé, enfin que la chaleureuse sympathie qui entourait Charles Dullin et sa pauvreté généreuse avaient poussé la critique à soutenir peut-être au-delà de son mérite une entreprise aussi désintéressée. Il est probable que ces facteurs jouèrent en votre faveur, mais leur action ne fut nullement déterminante.

Trente-cinq ans plus tard, Robert Dhéry reprenait votre rôle dans le petit cirque du Théâtre en Rond. Mon cher Dullin (votre ange gardien) était parti en pleine gloire. Les Fratellini avaient quitté la piste, et vous-même en plein succès n'aviez plus droit à l'indulgence. D'autre part, ces trente-cinq ans avaient rajeuni la critique et le public, la salle chaque soir était pleine de jeunes hommes, de jeunes femmes, de jeunes filles qui n'étaient pas venus là pour y retrouver des souvenirs de leur jeunesse; la plupart d'entre eux n'étaient pas encore de ce monde le soir où Crockson naquit sur la scène de l'Atelier, leur enfance avait traversé de très graves événements, d'autres façons de vivre avaient formé leur esprit, et leur sensibilité nous paraissait si différente de la nôtre qu'on pouvait en craindre la nouveauté. Or, la jeune critique et le nouveau public accueillirent votre pièce comme l'ouvrage de l'un des leurs, et il me semble que leurs éclats de rire et leurs applaudissements vous ont fait entendre ce jour-là le premier témoignage de la postérité.

Et maintenant, monsieur, puisque vous faites désormais partie de la Compagnie, je crois qu'il est de mon devoir de vous donner quelques conseils pratiques et de vous initier à nos us et coutumes, et de vous révéler les tâches qui vous attendent. Oui, monsieur, des tâches. Il en est d'ailleurs d'agréables. Il en est d'autres qui, pendant notre service militaire, portaient un autre nom. Et il vous faudra comprendre ce que parler veut dire sous les lambris de l'Institut.

La courtoisie académique est en effet si subtile que lorsqu'un membre de la Compagnie se croit obligé de prononcer une condamnation sévère, il faut une petite méditation pour comprendre qu'il ne s'agit pas d'un compliment. Ainsi, au moment de la préparation d'une élection, il vous arrivera sans doute, car vous n'êtes pas envieux, d'avancer le nom d'un ami. Si l'un de nos Sages vous dit : « Toute réflexion faite, je crois, je crois que cette candidature ne réussira pas à s'imposer, du moins pour le moment », il vous faudra comprendre que cela signifie : « Si cet individu entre à l'Académie, je n'y mettrai plus les pieds. » De même, lorsque M. le secrétaire perpétuel dira, d'une voix dont l'agrément est amplifié par un microphone : « Messieurs, nous devons aujourd'hui désigner celui de nos membres qui conduira le deuil à la messe anniversaire de notre fondateur : le cardinal de Richelieu; il me semble que cette année, cet honneur revient de droit à M. Achard, s'il est libre le 6 décembre », ne vous y trompez pas; ces paroles aimables signifient : « M. Marcel Achard étant le dernier élu, il est désigné d'office pour cette expédition. » Quant à « s'il est libre », n'allez pas croire que cette formule vous donne le choix de la décision. Oui, il est libre, et il ira le 6 décembre écouter la messe solennelle dans la chapelle de la Sorbonne. Ce jour-là, vous aurez l'honneur de marcher à la tête d'un cortège qui comprendra le doyen et les membres les plus illustres de toutes les Facultés, vêtus de leurs robes d'universitaires, de médecins et de magistrats. Vous les conduirez à travers la cour d'honneur de l'antique Université, dont la première pierre fut posée pendant la première année d'existence de notre Académie, c'est-à-dire en 1635, dans cette nef où repose notre fondateur. Vous vous avancerez au premier rang auprès des descendants de l'illustre famille, et, tout en écoutant des chants religieux, vous penserez peut-être avec émotion à la bourgade

Sainte-Foy et à la petite boutique de M. votre père, et vous vous demanderez alors si vous étiez digne d'un si grand honneur. Mais au bout de cinq minutes, vous bénirez le tailleur qui a pris soin de capitonner la doublure de votre uniforme. Il ne poursuivait qu'un but esthétique. Il vous aura pourtant sauvé de l'angine, de la pleurésie et peut-être de la pneumonie.

En effet, comme il eût été sacrilège de marier la fonte au marbre, — cette admirable chapelle n'est pas déshonorée par la présence d'un radiateur, — notre cher Georges Lecomte, qui avait le cœur bon et qui craignait que chaque année cette messe ne nous valût une élection, ne manquait jamais de mettre en garde notre délégué et lui conseillait l'usage préalable du rhum de la Martinique et le port d'invisibles lainages. Puis, après la cérémonie, il téléphonait au missionnaire pour savoir s'il en avait réchappé. Il est vrai qu'en manière de compensation, nous vous enverrons aussi à Pézenas ou à Marseille pour parler longuement au pied de la statue de Molière ou de Rostand. Ce sera naturellement en plein mois de juillet. Vous vous apercevrez alors que notre bicorne — qui vous vaudra souvent d'être appelé Monsieur l'amiral — n'est qu'une coiffure de cérémonie. Souvenez-vous alors de la mort de Mireille, et recherchez l'ombre de la statue, ce qui satisfera également la modestie et la prudence.

Je crois que ces deux exemples sont suffisants pour vous montrer que la gloire académique comporte quelques risques mineurs. Mais comme l'a dit Sénac de Meilhan, il n'y a point de gloire sans danger.

Enfin, monsieur, lorsque vous irez dîner en ville, vous devrez veiller à l'observation rigoureuse des prérogatives de l'Académie.

Pour en instruire les néophytes, Georges Lecomte les définissait ainsi : un académicien doit être placé à la droite de la maîtresse de maison, à moins qu'il ne se trouve dans la société un chef d'État, un prélat ou un ambassadeur en exercice dans le pays où il exerce. Vous serez donc, si le pire en vient au pire, à la gauche de votre hôtesse, c'est-à-dire à égale distance des deux bouts de la table et presque en face du maître de maison. Vous ne rencontrerez dans ces parages que de hautes personnalités dont la conversation est riche de souvenirs presque tous dignes d'entrer dans l'histoire, quand ils n'y sont pas déjà. Cependant, vous verrez d'assez loin, aux deux bouts de la table, de petites moustaches noires, des boucles blondes, parfois même des queues de cheval. Vous entendrez des éclats de rire que vous n'aurez point provoqués et qui vous agaceront cruellement parce qu'ils vous empêcheront d'écouter tout à votre aise le récit, par un témoin oculaire, de la chute du ministère Combes ou de la bataille de Lullébourgaz; mais quoi, il faut bien que jeunesse se passe, et vous devez patiemment supporter que celle des autres se passe de vous.

Telles sont, monsieur, les servitudes et grandeurs académiques, du moins en ce qui concerne nos relations extérieures. Quant à l'atmosphère et à l'intérêt de nos réunions toutes portes fermées, je ne veux rien vous en dire aujourd'hui, vous aurez une trop plaisante surprise pour que je vous en prive par une indiscrétion.

Un dernier mot, qui a son importance, et qui vous montrera l'élégance et la courtoisie de nos traditions. Il en est une selon laquelle tous les candidats admis dans notre Compagnie, dès qu'ils sont élus, l'ont été à l'unanimité.

C'est donc au nom de tous, monsieur, que j'ai aujourd'hui l'honneur de vous souhaiter la bienvenue parmi nous.

BIBLIOGRAPHIE

1926. *Les Marchands de gloire*. En collaboration avec Paul Nivoix, Paris, L'Illustration.

1927. *Jazz*. Pièce en 4 actes, Paris, L'Illustration. Fasquelle, 1954.

1931. *Topaze*. Pièce en 4 actes, Paris, Fasquelle.
Marius. Pièce en 4 actes et 6 tableaux, Paris, Fasquelle.

1932. *Fanny*. Pièce en 3 actes et 4 tableaux, Paris, Fasquelle.
Pirouettes. Paris, Fasquelle (Bibliothèque Charpentier).

1935. *Merlusse*. Texte original préparé pour l'écran, Petite Illustration, Paris. Fasquelle, 1936.

1936. *Cigalon*. Paris, Fasquelle (précédé de *Merlusse*).

1937. *César*. Comédie en deux parties et dix tableaux, Paris, Fasquelle.
Regain. Film de Marcel Pagnol d'après le roman de Jean Giono (Collection « Les films qu'on peut lire »). Paris-Marseille, Marcel Pagnol.

1938. *La Femme du boulanger*. Film de Marcel Pagnol d'après un conte de Jean Giono, « Jean le bleu ». Paris-Marseille, Marcel Pagnol. Fasquelle, 1959.
Le Schpountz. Collection « Les films qu'on peut lire ». Paris-Marseille, Marcel Pagnol. Fasquelle, 1959.

1941. *La Fille du puisatier*. Film, Paris, Fasquelle.

1946. *Le Premier Amour*. Paris, Éditions de la Renaissance. Illustrations de Pierre Lafaux.

1947. *Notes sur le rire*. Paris, Nagel.

Discours de réception à l'Académie française, le 27 mars 1947. Paris, Fasquelle.

1948. *La Belle Meunière*. Scénario et dialogues sur des mélodies de Franz Schubert (Collection « Les maîtres du cinéma »), Paris, Éditions Self.

1949. *Critique des critiques*. Paris, Nagel.

1953. *Angèle*. Paris, Fasquelle.
Manon des Sources. Productions de Monte-Carlo.

1954. *Trois lettres de mon moulin*. Adaptation et dialogues du film d'après l'œuvre d'Alphonse Daudet, Paris, Flammarion.

1955. *Judas*. Pièce en 5 actes, Monte-Carlo, Pastorelly.

1956. *Fabien*. Comédie en 4 actes, Paris Théâtre 2, avenue Matignon.

1957. *Souvenirs d'enfance*. Tome I : La Gloire de mon père. Tome II : Le Château de ma mère, Monte-Carlo, Pastorelly.

1959. *Discours de réception de Marcel Achard à l'Académie française et réponse de Marcel Pagnol*, 3 décembre 1959, Paris, Firmin Didot.

1960. *Souvenirs d'enfance*. Tome III : Le Temps des secrets. Monte-Carlo, Pastorelly.

1963. *L'Eau des collines*. Tome I : Jean de Florette. Tome II : Manon des Sources, Paris, Éditions de Provence.

1964. *Le Masque de fer*. Paris, Éditions de Provence.

Traductions

1947. William Shakespeare, *Hamlet*. Traduction et préface de Marcel Pagnol, Paris, Nagel.

1958. Virgile, *Les Bucoliques*. Traduction en vers et notes de Marcel Pagnol, Paris, Grasset.

Éditions illustrées par Albert Dubout. Lausanne, Kaeser, Éditions du Grand Chêne, 1949-1952 : *Topaze, Marius, Fanny, César*.

Œuvres dramatiques. Théâtre et cinéma, Gallimard, 1954, 2 volumes.

Œuvres complètes. Éditions de Provence, 6 volumes (1964-1973).

I. — Les Marchands de gloire, Topaze (1964).
II. — Marius, Fanny (1965).
III. — Cinématurgie de Paris, César, Merlusse (1967).
IV. — Judas, Fabien, Jofroi (1968).
V. — La gloire de mon père, Pirouettes, Discours d'inauguration du lycée Marcel Pagnol.
VI. — La Femme du boulanger, Regain, Critique des critiques (1973).

Édition illustrée par Suzanne Ballivet, Pastorelly.

1969 : *Marius ;* 1970 : *Fanny, César ;* 1971 : *Jean de Florette, Manon des Sources ;* 1972 : *Topaze ;* 1973 : *Regain ;* 1974 : *Angèle.*

« Les Chefs-d'œuvre de Marcel Pagnol », Éditions de Provence, 1973-1974 (15 volumes).

ACHEVÉ D'IMPRIMER LE
18 NOVEMBRE 1976 SUR LES
PRESSES DE L'IMPRIMERIE
BUSSIÈRE, SAINT-AMAND (CHER)

— N° d'édit. 1158. — N° d'imp. 288. —
Dépôt légal : 4e trimestre 1976.
Imprimé en France